ज्ञान गरिमा के
70 वर्ष

भारतीय
ज्ञानपीठ

यादों के गलियारे में

(ग़ज़लें, नज़्में व कविताएँ)

यादों के गलियारे में

प्रियदर्शी ठाकुर 'ख़याल'

भारतीय ज्ञानपीठ

लोकोदय ग्रन्थमाला : ग्रन्थांक 1295

ISBN 978-93-263-5485-1

यादों के गलियारे में
(ग़ज़ल-संग्रह)
प्रियदर्शी ठाकुर 'ख़याल'

प्रथम संस्करण : 2016
मूल्य : 250 रुपये

प्रकाशक : **भारतीय ज्ञानपीठ**
18, इन्स्टीट्यूशनल एरिया, लोदी रोड, नयी दिल्ली-110 003

मुद्रक : विकास कम्प्यूटर्स ऐंड प्रिन्टर्स, दिल्ली-32

आवरण-चित्र : अज्ञात
आवरण : महेश्वर

YADON KE GALIYARE MEIN
(Ghazal)
by Priyadarshi Thakur 'Khayal'

Published by
Bharatiya Jnanpith
18, Institutional Area, Lodi Road, New Delhi-110 003
Ph. : 011-24698417, 24626467; 23241619 (Daryaganj)
Mob. : 9350536020; e-mail : bjnanpith@gmail.com
sales@jnanpith.net; website : www.jnanpith.net

First Edition : 2016
Price : Rs. 250

यह किताब
ग़ज़ल की पुरसोज़ आवाज़
जगजीत सिंह के नाम
जिन्होंने
ऐसा लगा कि मुल्के-अदम से वापस आकर
अपना वादा पूरा किया*

थम गया साज़, खो गयी आवाज़
रह गयी गूँजती सदा दिल में

* प्रसंग—'ब क़लमे-ख़ुद'

दो शब्द

'यादों के गलियारे में' प्रियदर्शी ठाकुर 'ख़याल' का नवीनतम संकलन है। ये उर्दू के शायर और हिन्दी के कवि भी हैं। स्वभावत: इस संकलन के चार खंड हैं, जिनमें क्रमश: उनकी ग़ज़लें, कविताएँ तथा नज़्में, ख़यालों के कुछ टुकड़े और बाई जूई से बातचीत की एक शृंखला दी गयी है। मेरी दृष्टि में चारों खंडों में सबसे महत्त्वपूर्ण खंड पहला है, जिसमें वास्तविक स्थितियों से परिचित करानेवाली अनेक ग़ज़लें हैं।

'ग़ज़ल' अरबी का शब्द है, लेकिन शायरी की इस विधा में रचनाएँ फ़ारसी में की गयीं। जब अपने देश में उर्दू जैसी भाषा ने रूप ग्रहण किया, तो उसमें भी ग़ज़लें लिखी जाने लगीं। कहने की आवश्यकता नहीं कि भाषा-साहित्य या कला-मात्र किसी बन्धन को स्वीकार नहीं करती। इस कारण वह जाति-सम्प्रदाय ही नहीं, अपने देश की सीमा को भी पार कर दूसरे देशों में पहुँच जाती है, और वहाँ सराही ही नहीं जाती है उसमें कृतियों का निर्माण भी होने लगता है।

यह सुपरिचित तथ्य है कि उर्दू की भाषा-वैज्ञानिक संरचना हिन्दीवाली है, भले उसकी परम्परा और शब्द-भंडार अरबी-फ़ारसी की देन हों। स्वभावत: उर्दू साहित्य की रचना में हिन्दी भाषी क़ौम के लेखक और शायर भी सक्रिय रहे हैं। बीसवीं शताब्दी के आरम्भ और स्वातंत्र्योत्तर भारत की बात करें, तो उर्दू में लिखने वाले प्रेमचन्द और उसमें शायरी करनेवाले रघुपति सहाय 'फ़िराक़' के नाम सहज ही सामने आ जाते हैं। मैं नहीं जानता कि आज पाकिस्तान में हिन्दी के लेखक और कवि हैं या नहीं, लेकिन मैं अपने अनुभव के आधार पर यह कह सकता हूँ कि वहाँ रचे जानेवाले नग़मों, ग़ज़लों और नज़्मों में हिन्दी शब्दों का प्रयोग बढ़ता जा रहा है।

'ख़याल' की ग़ज़लों के कई संग्रह प्रकाशित हैं। ग़ज़लों में वे उनके अनुशासन का पूरा निर्वाह करते हैं, यानी उनकी ग़ज़ल का प्रत्येक शेर आज़ाद होता है। उर्दू में भी मुसलसल ग़ज़लें लिखी गयी हैं। उदाहरण के लिए अल्लामा इक़बाल की कुछ ग़ज़लों को देखा जा सकता है। लेकिन फ़ारसी-उर्दू की ग़ज़लों की ख़ूबसूरती वहाँ नहीं है। उर्दू शायरी के नामी इतिहासकार प्रो. कलीमुद्दीन अहमद ने ग़ज़लों को

शायरी का नीम–वहशी रूप कहकर उसकी भरपूर आलोचना की थी। लेकिन उससे उर्दू ग़ज़ल का कुछ बिगड़ा नहीं। ग़ज़ल विश्व–कविता के मध्य एक ऐसी विधा है जिसमें कोई तार्किक संगति नहीं होती। इससे उसमें एक विलक्षण सौंदर्य की सृष्टि हुई है, जो और कहीं देखने में नहीं आता।

ग़ज़ल की मूल अन्तर्वस्तु प्रेम को कहा गया है, लेकिन शायर अक्सरहा उसके शेरों में अनेक वस्तु–स्थितियों का स्पर्श करते हैं और आवश्यक होने पर उन्हें अपने व्यंग्य का निशाना बनाते हैं। उर्दू के क्लासिकी शायरों में ग़ालिब की ग़ज़लों के केन्द्र में भी प्रेम है तथापि वे अनेक दिशाओं में अपनी रोशनी फेंकती हैं। 'ख़याल' की तुलना मैं ग़ालिब से नहीं कर रहा, पर कमोबेश ये बातें उनकी ग़ज़लों में भी देखी जाती हैं।

एक ग़ज़ल के तीन शेर नीचे उद्धृत हैं—

वहाँ दुश्वार था, खुद से भी मिलना
तलाश–ए–यार क्या हो बेख़ुदी में
गिले शिकवे तो होते ही रहेंगे
चलो, कुछ देर बैठें चाँदनी में
अँधेरों से शिकायत हो तो क्या हो
दिखाई कुछ न दे जब रौशनी में!

इन तीनों शेरों पर ग़ौर फ़रमाइए। 'बेख़ुदी' के आलम का ऐसा वर्णन मेरे देखने में नहीं आया। दूसरा शेर कोमलता से भरपूर है और हमें शायर के दिल के जज़्बात का अच्छी तरह से पता देता है। तीसरा शेर बहुत ही तीखा है और ज़माने पर रोशनी फेंकता है। फिर एक दूसरी ग़ज़ल का एक शेर—

क्या खुदा ने हुस्न क़ातिल को दिया
ज्यूँ सरापा मौत का सामान हो

इसमें 'क़ातिल' कौन है, बतलाने की ज़रूरत नहीं है, फिर भी उसे आप प्रेमिका मान लें, तो इस शेर का सौन्दर्य अपनी सारी पंखुड़ियाँ खोल देगा।

प्रेम में अक्सरहा निम्नलिखित स्थिति आती है, पर देखने की बात वह नहीं, यह है कि उसे निम्नलिखित दो शेरों में 'ख़याल' ने किस ख़ूबसूरती से अत्यधिक व्यंजक बनाकर हमारे सामने रखा है—

जिसका जवाब था हमें मालूम हर तरह
क्यूँ पूछा हमने बारहा उनसे वही सवाल

हम से भी रस्मो–राह का चरचा न हो सका
और वो भी पूछते रहे ग़ैरों का हाल–चाल

इन शेरों की सादगी भी हमें आनन्दित करती है। प्रेम की पता नहीं कितनी स्थितियाँ हैं। उनमें से एक स्थिति का वर्णन 'ख़याल' ने एक दूसरे शेर के मक़्ते में किया है—

ये नतीजे मुनहसिर हैं जज़्ब-ए-दिल पर 'ख़याल'
क़ुरबतें हैं दूरियों में, क़ुरबतों में दूरियाँ

अन्त में एक ग़ज़ल का यह शेर, जिसमें वर्णित पेचदार स्थिति के कारण वह बड़े-से-बड़े शायर के शेर से टक्कर ले सकता है—

जो तीर दिल पे आ लगा, वो था तेरा ज़रूर
लेकिन तेरे निशाने में मेरा भी हाथ था

दूसरे खंड में कविताएँ तथा नज़्में हैं। नज़्मों की जगह मुझे कविताएँ अधिक मार्मिक लगी हैं। कवि गाँव के अपने घर के दो दृश्यों का वर्णन बहुत मार्मिकता के साथ करता है—

पुरवाई में हिलते बाँसों के नीचे
खपड़ों वाले एक छप्पर की याद आई

तुलसी-पीड़े से लत्तर वो जूही की
मह-मह करती, मँड़वे पर की याद आई

तीसरे खंड में ख़यालों के कुछ टुकड़े हैं, जिनमें से यह टुकड़ा बेहद मर्मस्पर्शी है—

ख़ब्ते-मीयादी है
अपने-आप उतरेगा 'ख़याल'
और थोड़ी देर
मुझको
तुम परीशाँ छोड़ दो

बाई जूई आठवीं-नौवीं शताब्दी के चीन के कवि थे, जिन्होंने असंख्य कविताएँ लिखीं। उनकी कविताएँ ऐसी हैं कि उनको पढ़ने पर लगता है कि ये आज की लिखी हुई हैं। एक तरफ भरपूर रचनात्मकता और दूसरी तरफ घनघोर ताज़गी। स्पष्ट है कि वे अपने ज़माने से बहुत आगे थे। 'ख़याल' ने संकलन के अन्तिम खंड में उन्हीं से बातचीत करते हुए अनेक प्रसंगों पर अनेक कविताएँ लिखी हैं, जो परम्परागत ढंग की न होकर अनेकानेक स्थितियों और प्रसंगों को समेटे हुए हैं। 'अगली पीढ़ी के कष्ट' शीर्षक कविता के अन्तिम बन्द की अन्तिम पंक्ति में 'ख़याल' ने जो व्यंग्य किया है, वह बिलकुल सही है। प्रमाण यह कि 'बेहद

आज़ादी' का फल आज सम्पूर्ण भारत की जनता भुगत रही है। वह बन्द देखिए—

और बातों की तो मुझे थाह नहीं
लेकिन एक दौड़ तो है ऐसी
जो हम भारतवासी
जीत लेंगे चीन से
अगले दस-बीस बरसों में—
दुनिया में सबसे बड़ी आबादी की
हमारे यहाँ कोई हद ही नहीं आज़ादी की!

निस्सन्देह 'ख़याल' साहब इस संकलन के लिए बधाई के पात्र हैं।

3 नवम्बर, 2015

नंदकिशोर नवल

ब-क़लमे ख़ुद

इस संकलन के बारे में मुझे कुछ ज़्यादा नहीं कहना, क्योंकि मैं हमेशा से यह मानता आया हूँ कि हर किताब अपने आप में एक बयान होती है।

फिर भी, जिन लोगों के हाथों में यह किताब पहुँचेगी उन में से ज़्यादातर पढ़ने वालों को इस संकलन का कुछ असामान्य-सा समर्पण-आलेख देखकर कौतूहल अवश्य होगा। लिहाज़ा इसके बारे में बता देना ज़रूरी है। सन् 1975-76 के आस-पास जब कविताएँ लिखने के अलावा मैं ग़ज़ल के शेर भी कहने लगा, उसके दो-तीन सालों के अन्दर ही जगजीत सिंह-चित्रा सिंह का वह एल.पी. आया था जो काम और नाम दोनों ही में अविस्मरणीय था—'द अनफॉर्गेटिबल्स', और मैं एकदम से जगजीत साहब की सोज़ भरी आवाज़ के जादू में पड़ गया था। उस आवाज़ तक कभी पहुँच सकूँ, यह हसरत इस शिद्दत से हावी हुई मुझ पर कि '80 के दशक में अपनी एक ग़ज़ल का मक़्ता भी कुछ यूँ कहा—

शेर कहते हुए अकसर ये 'ख़याल' आता है
क्या कोई मेरी ग़ज़ल गायेंगे जगजीत कभी!

अपनी ग़ज़लों और नज़्मों के सभी संकलन—'रात गये' (1989), 'धूप तितली फूल' (1990), 'यह ज़बान भी अपनी है' (1995), 'इन्तख़ाब' (2002), और 'पता ही नहीं चलता' (2004)—जगजीत साहब को कभी डाक से तो कभी मुम्बई जा रहे किसी परिचित मित्र के हाथों भिजवाए; जब कभी जयपुर या दिल्ली में उनके कन्सर्ट होते, विशेष प्रयास करके उनसे अलग से मिलता। बड़े खुश-मिज़ाज और ख़ुश-अख़्लाक़ इन्सान थे—जब भी मिलना होता बड़े प्यार से मिलते, किताबों की प्राप्ति बाक़ायदा 'एक्नॉलेज' करते और मुस्कुराते हुए कहते—'होगी... होगी, इंशा अल्ला आपकी ग़ज़ल भी ज़रूर होगी'। मैंने ज़्यादा इसरार कभी नहीं किया, यह सोचकर कि बड़े गायक हैं, ज़ाहिर है आमतौर पर बड़े शायरों का कलाम ही गाएँगे; मुझ जैसे अदना लिखनेवाले का नम्बर अगर आया भी तो आते-आते ही आएगा और क्या ख़बर, शायद न भी आए! हाँ, 1990 में जब उन से पहली बार

जयपुर में मिला था तो उन्होंने अपनी तरफ़ से मेरा एक शेर पढ़ा—

उसने आँखों में जगह दी भी तो आँसू की तरह
शायद इक हल्की-सी जुंबिश[1] भी गिरा दे मुझको[2]

और कहा था कि उन्हें वह ग़ज़ल पसन्द आई थी और उन्होंने उसकी धुन बनाने की कुछ कोशिश भी की थी। सो...कहते हैं न-उम्मीद पे दुनिया क़ायम है!

लेकिन अक्टूबर, 2011 में जगजीत साहब जब अचानक चल बसे तो वह आस टूट गयी। मैं ने एक ख़त में अपने बेटे भुवन को लिखा—अब मैं हमेशा को रहे चला जाऊँगा 'वो इक ख़याल जो आवाज़ तक गया ही नहीं'![3]

इसीलिए जब एक साल से कुछ ज़्यादा वक़्त बीतने के बाद दिसम्बर 2012 में मालूम हुआ कि जगजीत साहब के आख़िरी सालों के कन्सर्ट्स और रियाज़ की रेकॉर्डिंगों के आधार पर उनकी पत्नी चित्रा जी ने एक अन्तिम सी.डी. जारी की है—'द मास्टर ऐंड हिज़ मैजिक', और उसमें मेरी ग़ज़ल 'रो लेते तो अच्छा होता' भी शामिल है, तो वाक़ई ऐसा महसूस हुआ जैसे कि जगजीत भाई ने उस दुनिया से लौट कर अपना वादा पूरा किया हो जिससे दरअस्ल कोई वापस नहीं आता।

और यह भी एक संयोग ही है कि यह वही ग़ज़ल है जो मैंने तेईस साल पहले सन् 1992 में अपने सबसे यादगार मुशायरे में पढ़ी थी—डी.सी.एम. का शंकर-शाद इंडो-पाक मुशायरा, 1992 जिसमें अली सरदार जाफ़री, कैफ़ी आज़मी, बशीर बद्र, अहमद फ़राज़, क़तील शिफ़ाई, निदा फाज़ली, जावेद अख़्तर वगैरह जैसे नामवर शायरों ने शिरकत की थी। उस साल मुशायरे की पत्रिका 'दस्त-ए-गुल' का पेशलफ्ज़ प्रो. मोहम्मद हसन साहब ने लिखा था। और उसमें उन्होंने इस ग़ज़ल के जिन दो शेरों को उद्धृत किया, वही दो शेर जगजीत भाई को लगभग अट्ठारह-उन्नीस साल बाद पसन्द क्यों कर आए, यह तो अब राज़ ही रहेगा।

हालाँकि यह ग़ज़ल मेरे 1995 में किताबघर से प्रकाशित संकलन 'यह ज़बान भी अपनी है' में शाया हो चुकी है, मैं इसे प्रस्तुत संकलन में सम्मिलित कर रहा हूँ क्योंकि 'यह ज़बान भी अपनी है' के दूसरे संस्करण की कोई गुंजाइश नहीं है।

उस संकलन से नज़्म 'यह ज़बान भी अपनी है' को भी इस संकलन में दोहरा रहा हूँ—क्योंकि मैं समझता हूँ कि तेज़ी से बढ़ती हुई धार्मिक और सामाजिक असहिष्णुता के माहौल में वह नज़्म हिन्दी-उर्दू के आपसी रिश्तों के नज़रिए से बहुत प्रासंगिक है।

---

1. जुंबिश : कम्पन
2. 'रात गये' से
3. यह मिसरा जावेद अख़्तर साहब की एक नज़्म का है।

इस संकलन के खंड-तीन—'टुकड़े ख़याल के'—में पन्द्रह लघु-कविताएँ या छोटी नज़्में हैं, जो शायद आगे चलकर कभी पूरी ग़ज़ल या नज़्म की शक्ल अख़्तियार कर लें। यह भी मुमकिन है कि ऐसा न हो पाए! लेकिन अपने वर्तमान स्वरूप में भी ये टुकड़े मुझे और मेरे कई मित्रों को एक बृहत्तर पाठक समुदाय के सामने रखने लायक़ लगे, और इसीलिए इस संकलन में प्रस्तुत हैं।

जिन पाठकों ने बाई जूई की दो सौ कविताओं के मेरे अनुवाद-संकलन 'तुम! हाँ, बिल्कुल तुम' (भारतीय ज्ञानपीठ, 1991) और 'बाँस की टहनियाँ' (साहित्य अकादमी, 1993) नहीं देखे हैं, वे निश्चित रूप से पहले यह जानना चाहेंगे कि आख़िर है कौन यह बाई जूई जिससे वार्त्तालाप का स्वांग कर के मैंने ये कविताएँ लिखी हैं? अत: संक्षेप में बाई का परिचय देना प्रासंगिक होगा।

बाई जूई का जन्म सन् 772 में चीन के हेनान प्रदेश में ज़िन्ज़ेंग में हुआ था। नवीं शताब्दी के चीनी सम्राटों के सामन्ती युग में भी चीन में प्रशासनिक अधिकारियों के चयन के लिए प्रतियोगी परीक्षाएँ हुआ करती थीं। सन् 800 ई. में बाई जूई उच्चतम प्रतियोगी परीक्षा 'जिन्शी' में उत्तीर्ण होकर चीनी साम्राज्य की सामंतशाही का सदस्य बना और लगभग साढ़े-तीन दशकों तक सम्राट के दरबार में तथा प्रान्तीय पदों पर कार्यरत रहा।

पेशे से बाई जूई सामन्तवादी शासक वर्ग का अंग भले ही रहा हो, हृदय, अन्त:करण और कर्म से वह एक प्रगतिवादी और कालजयी कवि था। उसने तीन हज़ार से अधिक कविताएँ लिखीं जिनमें कार्ल मार्क्स से एक हज़ार बरस पहले समाजवाद की प्रारम्भिक सदाएँ सुनाई देती हैं। जैसा कि मैंने इन कविताओं में जगह-जगह ज़िक्र किया है, बाई की रचनाएँ और उसकी सोच आज इक्कीसवीं सदी में हमारी अपेक्षाओं की कसौटी पर भी ताज़ा और प्रासंगिक लगती हैं, और वह नवीं शताब्दी चीन के विख्यात क्लासिकी कवियों की शृंखला में पो चुई अथवा बाई जूई के नामों से जाना जाता है।

अपनी कविताओं के विद्रोही तेवर के कारण बाई जूई हमेशा ही अपने सामन्तवादी भाग्यविधाताओं की आँख की किरकिरी बना रहा और कई बार उसे सुदूर, अनचाहे प्रान्तों में पदस्थापन का दंड झेलना पड़ा।

बाई जूई की मृत्यु तिहत्तर वर्ष की आयु में सन् 846 ई. में हुई और वह लू-यांग के पास दफ़नाया गया।

बाई जूई के जीवन के महत्त्वपूर्ण पड़ावों का अवलोकन पाठकगण इस संकलन के अन्त में दिए गये परिशिष्ट में कर सकते हैं।

प्रस्तुत संकलन के बारे में एक आख़िरी बात यह कि इसमें शामिल ग़ज़लों और नज़्मों में मौत का ज़िक्र कभी प्रत्यक्ष, कभी परोक्ष रूप में बड़ी शिद्दत से और

बार-बार आता है। पहली नज़र में यह संकलन बहुत स्याह और 'मॉरबिड'[4] जान पड़ता है। वैसे तो मौत ज़िन्दगी का एक अविभाज्य गन्तव्य है, फिर भी यह किताब उन लोगों के लिए नहीं है जिन्हें 'मॉरबिडिटी'[4] से वितृष्णा होती है। अलबत्ता इसके साथ ही यहाँ यह कह देना भी ज़रूरी है कि दरअस्ल इस संकलन को मृत्यु की सार्वभौमिकता परिभाषित नहीं करती, इसे परिभाषित और परिमार्जित करती है वह जिजीविषा जो अन्त तक अविजित रहती है। इस संकलन पर से 'मॉरबिडिटी' का आक्षेप मिटाने के लिए इसके ये दो अशआर ही बहुत हैं।

'जो भी कहिए, है तो हो, गर बेवफ़ा है ज़िन्दगी
मौत की आग़ोश[5] में भी बे-बहा[6] है ज़िन्दगी

जाँगुशिल[7] है दर्द लेकिन डाल मत हथियार अभी
बाज़ू-ए-क़ातिल का दम-ख़म देखना है ज़िन्दगी

अन्त में मैं हिन्दी के प्रख्यात आलोचक डा. नंदकिशोर नवल को धन्यवाद देना चाहता हूँ कि उन्होंने भूमिका के 'दो शब्द' लिखकर मुझे अनुगृहीत किया। साथ ही मैं भारतीय ज्ञानपीठ-परिवार का भी आभारी हूँ कि उन्होंने इस पुस्तक को सुरुचिपूर्ण ढंग से प्रकाशित करने में कोई क़सर नहीं छोड़ी।

प्रियदर्शी ठाकुर 'ख़याल'

---

4. मॉरबिड-मॉरबिडिटी (अँग्रेज़ी) : मृत्यु के उल्लेख से आच्छादित व आक्रान्त
5. आग़ोश : आलिंगन
6. बे-बहा : अनमोल
7. जाँगुसिल : प्राणान्तिक पीड़ा

अनुक्रम

खंड—एक

ग़ज़लें

ग़ज़ल—रो लेते तो*

बार-ए-ग़म[1] कुछ हल्का होता
रो लेते तो अच्छा होता

चाँद-सितारे माँगे हमने
कुछ तो आख़िर सोचा होता

बस कहने को कहते है यह
मर जाते तो अच्छा होता!

मैं जो पा जाता तो तुमको
अब तक भूल भी बैठा होता

यारों तक से आँख चुरायी
क्योंकि तेरा भी चरचा होता

पाँव तमाज़त[2] माँग रहे हैं
सर की ख़्वाहिश, साया होता

बाहर तपती रेत सही, पर
अन्दर तो इक दरिया होता

हम हैं, तो यह दुनिया अपनी
वरना सब कुछ तेरा होता!

---

* ग़ज़ल यू-ट्यूब पर (स्व. जगजीत सिंह)

1. बार-ए-ग़म : दुख का बोझ 2. तमाज़त : धूप की गर्मी

महफ़िल घेरे होती फिर भी
शायर शायद तन्हा होता

हम भी किसी से मिलते-जुलते
अपना भी इक हल्क़ा[1] होता

कुछ रक्खा है इन बातों में!
ऐसा होता वैसा होता

ख़ारे-मुग़ीलाँ[2] कंकर-पत्थर
और तो सहरा में क्या होता!

भरसक अपनी कोशिश होती
फिर जो लिक्खा होता, होता

आँखें धोखा खा तो गयीं, पर
कितना कोई तुझ-सा होता!

जैसी सूरत वैसा परतौ[3]
दरपन क्यों शरमिन्दा होता

लुत्फ़े-जवानी[4] लूटा हमने
दौरे-ज़ईफ़ी[5] किसका होता!

मंज़र ढहते क़स्रे-यक़ीं[6] का
काश न मैंने देखा होता

काश ये लफ़्ज़ परों[7]-से होते
और 'ख़याल' परिन्दा होता

नयी दिल्ली, फरवरी, 1992

---

1. हल्क़ा : मित्र मंडली 2. ख़ारे-मुगीलाँ : मरुस्थल में उगनेवाली एक झाड़ी के काँटे
3. परतौ : परछाई, 4. लुत्फ़े-जवानी : जवानी का आनन्द 5. दौरे-ज़ईफ़ी : बुढ़ापे का दौर
6. कस्रे-यक़ीं : विश्वास का महल 7. परों-से : पंखों जैसे

1

यही होता है अकसर ज़िन्दगी में
कि थोड़ा ग़म भी शामिल हो ख़ुशी में

उदास आँखों में, पलकों की नमी में
झलकती थी वफ़ा[1] भी बेरुख़ी में

वहाँ दुश्वार था ख़ुद से भी मिलना
तलाश-ए-यार[2] क्या हो बेख़ुदी[3] में

गिले शिकवे तो होते ही रहेंगे
चलो, कुछ देर बैठें चाँदनी में

अँधेरों से शिकायत हो तो क्या हो
दिखाई कुछ न दे जब रौशनी में!

न कोई आरज़ू[4] दिल में शिफ़ा[5] की
न कोई है शिफ़ा चारागरी[6] में

लगी दिल की नहीं है दिल्लगी कोई
हुई हो दिल्लगी दिल की लगी में!

---

1. वफ़ा : प्रेम 2. तलाश-ए-यार : प्रेमिका की खोज
3. बेख़ुदी : बेसुधी 4. आरज़ू : इच्छा
5. शिफ़ा : इलाज की सफलता 6. चारागरी : डाक्टरी

मिसाल[7] अर्जुन की रखना याद हरदम
बहुत आगे बढ़ोगे ज़िन्दगी में

ग़नीमत[8] है कि अब भी देखते हैं
हम अपने आप को इस अजनबी[9] में

'ख़याल' इतने न थे कमज़र्फ़[10] पहले
बड़ी गहराई थी तश्नालबी[11] में!

---

7. मिसाल : उदाहरण 8. ग़नीमत : अच्छा 9. अजनबी : अपरिचित व्यक्ति
10. कमज़र्फ़ : जिसमें पचा पाने की क्षमता कम या न हो 11. तश्नालबी : प्यास

2

साँस में उलझा हुआ अरमान[1] हो
जिस्म[2] हैं हम, तुम हमारी जान हो

ज़िन्दगी से इस तरह बेज़ार[3] हैं
गोया[4] मर जाना कोई आसान हो

आज आँखों से पिला दे तू अगर
साक़िया मुझ पर बड़ा एहसान हो

कुछ भी कहने की ज़रूरत है कहाँ!
तुम न कमसिन[5] हो न अब नादान हो

क्या ख़ुदा ने हुस्न क़ातिल[6] को दिया
ज्यूँ सरापा[7] मौत का सामान हो

मंज़िलों की जुस्तजू[8] है अब किसे
या ख़ुदा, रस्ता तेरा आसान हो

अजनबी[9] जो आइने में है 'ख़याल'
अब यही शायद तेरी पहचान हो

---

1. अरमान : प्रिय इच्छा 2. जिस्म : शरीर 3.बेज़ार : विमुख, तंग आए हुए
4. गोया : जैसे 5. कमसिन : कम आयु वाला, अवयस्क 6. कातिल : हत्यारा
7. सरापा : सर से पाँव तक 8. जुस्तजू : तलाश 9. अजनबी : अपरिचित व्यक्ति

3

ले दे के कुल बचे हैं कोई चन्द एक साल
जो बन पड़ा दिखाएँगे इनमें ही कुछ कमाल

ख़ू[1]-ए-ख़ुम-ओ-अयाग़[2] ने बदनाम कर दिया
वरना तो लोग फ़ख़्र[3] से देते मेरी मिसाल[4]

बाक़ी भी आज पी लें कि रहने दें कल पे कुछ
है इज़्तराब[5] ऐसा कि जीना हुआ मुहाल[6]

जी है जो हम ने ज़िन्दगी, कितनों को है नसीब
किस बात का गिला[7] करें, किस बात का मलाल[8]

जिसका जवाब था हमें मालूम हर तरह
क्यूँ पूछा हमने बारहा[9] उनसे वही सवाल

हम से भी रस्मों-राह[10] का चरचा न हो सका
और वो भी पूछते रहे ग़ैरों का हाल-चाल

कुछ तो बचा रहेगा ही, मेरा तुम्हारे पास
गर[11] मैं नहीं रहा भी तो रह जाएगा 'ख़याल'

---

1. ख़ू : आदत 2. ख़ुम-ओ-अयाग़ : शराब रखने का पात्र और पीने के पैमाने 3. फ़ख़्र : गर्व
4. मिसाल : उदाहरण 5. इज़्तराब : असमंजस, बेचैनी भरी दुविधा 6. मुहाल : अत्यन्त कठिन, असम्भव 7. गिला : शिकायत 8. मलाल : अफ़सोस 9. बारहा : बार-बार
10. रस्मो-राह : घनिष्ठता 11. गर : अगर, यदि

4

मैं आईना देख रहा हूँ
अपना चेहरा देख रहा हूँ

अपने दरीचे[1] से मौसम का
रंग बदलना देख रहा हूँ

होड़ लगी है रोज़-ओ-शब[2] में
आना-जाना देख रहा हूँ

मह्वे-तसव्वुर[3] बैठा कब से
जाने क्या-क्या देख रहा हूँ

सारी दुनिया नाच रही है
और मैं तन्हा[4] देख रहा हूँ

ख़ाली-ख़ाली आँखों में भी
रक़्स-ए-तमन्ना[5] देख रहा हूँ

हैरत[6] है, ज़ख़्मों पर अपने
दस्त-ए-मसीहा[7] देख रहा हूँ

---

1. दरीचे : खिड़की 2. रोज़-ओ-शब : दिन और रात 3. मह्वे-तसव्वुर : विचार-मग्न
4. तन्हा : अकेले 5. रक़्स-ए-तमन्ना : इच्छाओं का नृत्य 6. हैरत : आश्चर्य
7. दस्त-ए-मसीहा : मसीहा का हाथ

हर दिन ख़ुद से झूठा वादा
आलम[8] अपना देख रहा हूँ

जाने 'ख़याल' चिता है किसकी
तिल-तिल जलना देख रहा हूँ

8. आलम : हालत

5

रास्ता है ही नहीं कोई मोहब्बत के सिवा
ये अदावत[1] कुछ न देगी और नफ़रत के सिवा

वस्ल[2] की तरकीब ढूँढे भी तो क्यूँ कर नामुराद[3]
दिल को आता ही नहीं कुछ तेरी हसरत के सिवा

ख़ुशनुमा[4] हैं मेरे ज़िन्दाँ[5] के नज़ारे इस क़दर
सोचता हूँ क्या कहूँ इनको ग़नीमत[6] के सिवा

तेरी बख़्शिश[7] का नहीं कोई गिला[8], ऐ मेह्रबाँ[9]
गो मयस्सर[10] कुछ नहीं सौदा-ओ-वहशत[11] के सिवा

क्यूँ करें शरमिन्दा ख़ुद को माँग कर अब मश्वरा[12]
कोई देगा भी तो क्या देगा नसीहत[13] के सिवा

सोच कर देखें ज़रा बेटों की माँएँ भी तो ये
कौन औरत को फ़ज़ीलत[14] देगा औरत के सिवा

---

1. अदावत : दुश्मनी 2.वस्ल : मिलन 3.नामुराद : अभागा 4. खुशनुमा : सुन्दर
5. जिन्दाँ : कारागार, जेल 6. ग़नीमत : उत्तम 7. बख्शिश : दान, उपहार 8.गिला : शिकायत
9. मेहरबाँ : उपकार करने वाला 10. मयस्सर : उपलब्ध 11. सौदा-ओ-वहशत : दिमागी खराबी और पागलपन 12. मश्वरा : सलाह, राय 13. नसीहत : उपदेश
14. फजीलत : प्रधानता, श्रेष्ठता

चूक तो कुछ हो ही सकती है बड़ी फेहरिस्त[15] में
ज़िन्दगी से भी मिला सब कुछ मोहब्बत के सिवा

शेख-ओ-साक़ी[16], दोस्त-दुश्मन सब का कहना है 'ख़याल'
और सब तो ठीक है इक तेरी शोहरत के सिवा

---

15. फेहरिस्त : सूची 16. शेख-ओ-साक़ी : धर्म-प्रमुख और शराब पिलाने वाला

6

अब कभी बातें पुरानी मत सुनाना
हर किसी को ये कहानी मत सुनाना

लिख के रख जाना कहीं अपनी वसीयत
सारी बातें ख़ुद ज़बानी मत सुनाना

तैश में बाहम[1] हुईं जो दो दिलों के
सब को वो बातें निहानी[2] मत सुनाना

कोई दुखड़ा रो रहा हो तो उसे तुम
अपने क़िस्से कामरानी[3] मत सुनाना

खिल्लियाँ ही नौजवानों में उड़ेंगी
क़िस्स-ए-अह्द-ए-जवानी[4] मत सुनाना

जिन को पढ़नी हों किताबों में पढ़ें अब
शेर हरगिज़ तुम ज़बानी मत सुनाना

अब 'ख़याल' उस संगदिल[5] का भी गिराँ है
क़िस्स-ए-नामेहरबानी[6] मत सुनाना

---

1. बाहम : आपस में 2. निहानी : गुप्त 3. कामरानी : कामयाबी के
4. क़िस्स-ए-अह्द-ए-जवानी : जवानी के युग के क़िस्से 5. संगदिल : पत्थर दिल
6. क़िस्स-ए-नामेहरबानी : कृपा से वंचित रहने का क़िस्सा

7

चल, सो जाएँ एक कहानी कहते-कहते
ख़ुद को राजा, तुझ को रानी कहते-कहते

सारा जीवन बीत गया अपना ऐसे ही
आँसू को आँखों का पानी कहते-कहते

इतनी कँटीली टहनी पर थे यादों के गुलाब
चुप हो गये हम बात पुरानी कहते-कहते

किरदारों[1] में शामिल हो गये हम भी आख़िर
अह्द-ए-गुज़िश्ता[2] की वो कहानी कहते-कहते

सच है ये सब, रफ़्ता-रफ़्ता[3] समझे हम भी
दुनिया आनी-जानी, फ़ानी[4] कहते-कहते

आँखें नम-सीं, यादों में गुम हम भी तुम भी
क़िस्स-ए-लुत्फ़-दौर-ए-जवानी[5] कहते-कहते

मैं तो बरसों से कहता था अच्छा है 'ख़याल'
चलिए, आप ने क़द्र तो जानी कहते-कहते

---

1. किरदार : किसी कथा के या घटना के पात्र 2.अह्द-ए-गुज़िश्ता : बीता हुआ युग
3. रफ़्ता-रफ़्ता : धीरे-धीरे 4. फ़ानी : नश्वर
5. क़िस्स-ए-लुत्फ़-ए-दौर-ए : जवानी-जवानी के समय के आनन्द का क़िस्सा

8

जिसको चाहा वो राज़दाँ[1] न हुआ
हाले-दिल[2] फिर कभी बयाँ[3] न हुआ

मेरा चरचा कहाँ-कहाँ न हुआ
एक बस आपकी ज़बाँ[4] न हुआ

हो तग़ाफ़ुल-शिआर[5] जितना भी
हुस्न दिल पर कभी गराँ[6] न हुआ

उम्र-भर साथ तो दिया उसने
क्या हुआ गर वो मेहरबाँ[7] न हुआ

बाल[8] शीशे में था, ख़राश न थी
वक़्त से भी वो बेनिशाँ[9] न हुआ

अब्र[10] ही अब्र थे जिधर देखो
आसमाँ फिर भी मेहरबाँ न हुआ

बेख़ुदी[11] में 'ख़याल' क्या-क्या कुछ
टूट जाएगा कुछ गुमाँ[12] न हुआ

---

1. राज़दाँ : ऐसा दोस्त जिससे राज़ की बातें बाँटी जा सकें 2. हाले-दिल : दिल का हाल
3. बयाँ : बताना 4. ज़बाँ : मुँह से 5. तग़ाफ़ुल-शिआर : तिरस्कार का भाव रखनेवाला
6. गराँ : बोझ 7. मेहरबाँ : कृपा दृष्टि करने वाला 8. बाल : शीशे के अन्दर चनक
9. बेनिशाँ : नहीं मिटा 10. अब्र : बादल 11. बेख़ुदी : स्वयं को भी भूल जाने की मनस्थिति
12. गुमाँ : पता चलना

9

कौन-सी मंज़िल है जिसका रास्ता है ज़िन्दगी
मौत ही का नाम शायद दूसरा है ज़िन्दगी

आग भी ख़ुद और ख़ुद ही कोयला है ज़िन्दगी
सोचिए तो, आप ही अपनी ग़िज़ा[1] है ज़िन्दगी

जो भी कहिए, है तो हो, गर बेवफ़ा है ज़िन्दगी
मौत की आग़ोश[2] में भी बे-बहा[3] है ज़िन्दगी

जाँगुसिल[4] है दर्द लेकिन डाल मत हथियार अभी
बाजू-ए-क़ातिल[5] का दम-ख़म देखना है ज़िन्दगी

ये ग़ज़ल मैंने कही है, सोचता था—है मेरी
फिर लगा : ये तो तुम्हारा आईना है ज़िन्दगी

उम्र-भर लड़ते रहे इक ला-इलाज आज़ार[6] से
बाद में जा कर खुला[7] के ला-दवा[8] है ज़िन्दगी

बे-वजह क्या पूछना अब अपनी ख़ामोशी से यह
साज़-ए-दिल को क्या हुआ, क्यूँ बेसदा[9] है ज़िन्दगी

---

1. ग़िजा : भोजन 2. आग़ोश : आलिंगन 3. बे-बहा : अनमोल 4. जाँगुसिल : असह्य पीड़ा
5. बाजू-ए-क़ातिल : हत्यारे की बाँहें 6. आज़ार : रोग 7. खुला : पता चला
8. ला-दवा : जिसका कोई दवा न हो 9. बेसदा : निस्तब्ध

लुब्लियाना के दिनों की जो लकीरें हैं बची
आजकल वो काटने में मुब्तिला[10] है ज़िन्दगी

शुक्र है अल्लाह का, तक़दीरवाले हो 'ख़याल'
बावजूद इतनी जफ़ा[11] के बावफ़ा[12] है ज़िन्दगी

10. मुब्तिला : व्यस्त 11. जफ़ा : उपेक्षा 12. बावफ़ा : वफादार

10

कुछ इस तरह किया मुझे दीवानावार[1] प्यार
दामन गुलों[2] से भर गयी जाती हुई बहार

क्या ग़म कि जान हो गयी क़ुर्बान उन पे आज
कब से इसी उमीद पर ज़िन्दा थे जाँनिसार[3]

लपटें वो लपलपातीं, वो शोलों के आफ़ताब[4]
सब जल-बुझे मगर कहीं बाक़ी हैं कुछ शरार[5]

जाने सहर[6] हुई है कि गुल[7] हो रही है शाम
चढ़ता हुआ नश्शा है या ठहरा हुआ ख़ुमार

इतने बरस गुज़र गये, कुछ याद भी नहीं
वो दिन कहाँ गये कभी था जिनका इन्तज़ार

गोया किसी तिलिस्म का देता हुआ सुराग़
पिछले पहर की धूप में 'आंगन के पार द्वार'

फिरता रहा 'ख़याल' भी आहू-ए-मुश्क[8] सा
ख़ुशबू से अपनी आप ही मिलने को बेक़रार

---

1. दीवानावार : पागलों की तरह, बहुत अधिक 2. गुलों : फूलों
3. जाँनिसार : किसी के लिए लड़ते हुए जान तक दे देने को तैयार लोग 4. आफ़ताब : सूरज
5. शरार : चिंगारी 6. सहर : सुबह, भोर 7. गुल : बुझना 8. आहू-ए-मुश्क : कस्तूरी हिरन

11

अंजाम-ए-मोहब्बत[1] था दुश्वार[2] जुदा[3] होना
आसान नहीं होता वादों का वफ़ा[4] होना

अफ़्सान-ए-उल्फ़त[5] में होता है ये जादू भी
आग़ाज़[6] से पहले ही अंजाम पता होना

जिस दिन से पड़ी है जाँ, इस तन की असीरी[7] में
हर साँस मेरी चाहे ज़िन्दाँ[8] से रिहा होना

आज उनके ख़यालों से बहला न सका दिल को
याद आता रहा उनका बाँहों में हुआ होना

इक ख़्वाब है हर लम्हा, हर लम्हा हक़ीक़त भी
ख़्वाबों की हक़ीक़त से क्या ख़ौफ़ज़दा[9] होना !

मिक़दार[10] ग़लत हो तो ज़ह्राब[11] है अमरत[12] भी
वरना तो सुबू[13] का भी मुमकिन है दवा होना

क़ातिल भी गया बिस्मिल[14] के साथ धमाके में
जन्नत ही में अब होगा, है जो भी बचा होना

---

1. अंजाम-ए-मोहब्बत : प्रेम का अन्त 2. दुश्वार : कठिन 3.जुदा : भिन्न
4. वादों का वफा : प्रतिज्ञा का निर्वाह 5.अफ़सान-ए-उल्फ़त : प्रेम की कहानी
6. आग़ाज़ : शुरूआत 7. तन की असीरी : शरीर की कारा 8. ज़िन्दाँ : जेल, क़ैदखाना
9. खौफ़ज़दा : भयभीत 10. मिक़दार : मात्रा 11.ज़ह्राब : जहरीला पानी या ज़हर
12. अमरत-अमृत 13 सुबू-शराब 14. बिस्मिल-जिसकी हत्या हुई

‘क्यूँ इतनी तबाही है दुनिया में मेरी ख़ातिर?’
शैताँ[15] ने कहा हँस कर–‘बन्दों के ख़ुदा हो ना!’

हैरत है लकीरों में इत्ती-सी हथेली की
कुल मेरे मुक़द्दर का तफ़सील[16] लिखा होना

कुछ और न कर पाए पर माँ न कभी भूली
बच्चों के लिए कैसे इक दस्ते-दुआ[17] होना

शरमिन्दा हुए भी तो ज़ाहिर न किया उन पर
वाजिब है ‘ख़याल’ उनको शिक्वा-ओ-गिला होना

---

15. शैताँ : शैतान 16. तफ़सील : विस्तृत विवरण 1 7.दस्ते-दुआ : प्रार्थना में उठे हाथ

12

इन्द्रधनुष के रंगों जैसे आए और गये भी वो
दिन फ़ुरसत के थे ही कितने, आए और गये भी वो

एक महीना और बचा है, अब दो हफ़्ते, अब कुछ दिन
ऐसे ही दिन गिनते-गिनते, आए और गये भी वो

सच हो कर भी सपने आख़िर, फिर सपना हो जाते हैं
चाँद-सितारे हम से मिलने, आए और गये भी वो

ऐ रात न ढल, ऐ सुब्ह न हो, मिन्नत की लाखों लेकिन
ख़्वाब कहाँ आँखों में ठहरते, आए और गये भी वो

आँखों ने अब सीख लिया है अपने आँसू पी जाना
चोरी-चोरी छुप कर सबसे, आए और गये भी वो

जैसे सलासिल[1] की कड़ियाँ हों वैसे ही एक के बाद एक
सारे ज़माने नए पुराने, आए और गये भी वो

आने-जाने दोनों के दिन पहले ही से तय थे 'ख़याल'
वक़्त कभी ठहरा है किसी पे, आए और गये भी वो

---

1. सलासिल : ज़ंजीर

13

इस तरह लफ़्ज़-ए-मरासिम[1] को मिटाना यारो
जा चुको जब तो कभी याद न आना यारो

था लकीरों में हथेली की यही मेरे गर
और होता जो न होता ये बहाना यारो

फिर मुझे क़ौसे क़ुज़ह[2] भी कोई रंगीं न लगे
ऐसी रंगीनि-ए-महफ़िल[3] न दिखाना यारो

हाय! अब सोज़-ए-तसव्वुर[4] से सिवा कुछ न रहा
अह्द-ए-माज़ी[5] का वो ख़ुशरंग[6] ज़माना यारो

फ़ोन कर लेते कभी अपनी तरफ़ से तुम भी
या ज़रूरी था मेरे दिल का दुखाना यारो

तुम से हम रूठे हुए हैं! ये कहे देते हैं
फिर भी आओ न मनाने, तो न आना यारो

अब 'ख़याल' अपने इरादे पे रहेगा क़ायम
गरचे ये वादा भी मुश्किल है निभाना यारो!

---

1. लफ़्ज़े-मरासिम : घनिष्टता का शब्द 2. क़ौसे क़ुज़ह : इन्द्रधनुष 3. रंगीनि-ए-महफिल : महफिल की रंगीनी 4. सोज़-ए-तसव्वुर-दर्द-भरी स्मृति अथवा कल्पना
5. अह्द-ए-माज़ी : अतीत, बीता हुआ समय 6. खुशरंग : सुनहरा, अच्छे रंगोंवाला

14

मोजज़ा[1] की मिसाल[2] कर इसको
हिज्र[3] है, ले, विसाल[4] कर इसको!

चन्द क़तरे तो होंगे शीशे[5] में
देख फिर से खंगाल कर इसको

है ज़ईफ़ी[6] में जिस्म-ए-फ़ानी[7] अब
ख़र्च कीजे सँभाल कर इसको!

ज़िन्दगी है अज़ीज़ तर मय से[8]
सोच मत, हस्बे-हाल[9] कर इसको

सब के बस की नहीं मय-ए-कौसर[10]
पी, तो पीते उबाल कर इसको!

दिल को श्रीवत्स ने किया सरशार[11]
क़ैद-ए-ग़म[12] से निकाल कर इसको

कौन जाने 'ख़याल' है किनका
देख पहले हलाल[13] कर इसको!

---

1. मोजज़ा : दैवी चमत्कार 2. मिसाल : उदाहरण 3. हिज्र : विरह 4. विसाल : मिलन
5. शीशे : मदिरा की बोतल 6. ज़ईफ़ी : वृद्धावस्था 7. जिस्म-ए-फ़ानी : नश्वर शरीर
8. द्विअर्थी वाक्य : जीवन मदिरा से अधिक प्यारी अथवा मदिरा से तर ज़िन्दगी प्यारी है
9. हस्बे-हाल : जैसी स्थिति हो वैसा 10. मय-ए-कौसर : जन्नत के कुंड की शराब
11. सरशार : हर्षित सतुष्ट 12. कैद-ए-ग़म : दुख की क़ैद
13. हलाल : जायज़, जिसका खाना-पीना या उपयोग वर्जित न हो (इस्लाम में)

15

डूब के इसमें यारो हमने गहराई से देखा है
दरिया का दरिया ये सारा क़तरा-क़तरा तन्हा है

पिछले जनम की याद किसे है, अगला किसने देखा है
लेकिन सच कहता हूँ क़सम से, यह जीवन तो तेरा है

चाँद, सुना है, सुबह सितारों से ये कह कर डूब गया
दिन की सारी बातें झूठी, रात का सपना सच्चा है

आसानी से हाथ आए तो प्यार से उसकी उंगली थाम
हँसते-गाते मौज़ उड़ाते ही चल देना अच्छा है

छोड़ पुरानी रामकहानी, ताज़ा यह अफ़साना सुन
नामुमकिन है वापस जाना, एक तरफ़ का रस्ता है

करतूतें काली हैं, बाबू, जिसकी जितनी कलियुग में
उसका रंग उसी पैमाने[1] उतना और सुनहरा है

अपना चेहरा किसने अपनी आँखों से देखा है 'ख़याल'
ख़ैर, ग़नीमत ये है, साहब, चाँद का मुँह भी टेढ़ा है

1. पैमाने : उसी अनुपात में

16

इनकार लबों पर, आँखों में रज़ा[1] भी
मिलने से मना कर के देते हैं पता भी

रस्ता भी दिखाते हैं, करते हैं दुआ भी
होती है बुजुर्गों की शफ़क़त[2] में अना[3] भी

उस शहर के हैं जिसमें है जुर्म वफ़ा भी[4]
ज़ाहिर है कि हम इसकी पाएंगे सज़ा भी

ज़ालिम को वफ़ा के सरदर्द[5] से क्या लेना?
सर–आँखों पे मंज़ूर है जब उसकी जफ़ा[6] भी

वैसे न बने उस से, ये बात अलग है
कई मुद्दए देते हैं दोनों को मिला भी!

इक उम्र से तकती हैं तुमको ये निगाहें
तुम बदले नहीं लेकिन ऐ दोस्त ज़रा भी

सब ख़ुश्क दरख़्तो को यकसाँ[7] न समझिए
अन्दर से बहुत मुमकिन हो कोई हरा भी

---

1. रज़ा : स्वीकृति 2. शफ़क़त : स्नेह, आशीष 3. अना : अहम, ईगो
4. जुर्म वफा भी : प्रेम भी एक अपराध है 5. सरदर्द : झंझट 6.जफ़ा : उपेक्षा, तिरस्कार
7. यकसाँ : एक समान

मुद्दत से नहीं आई इक हिचकी भी हमको
हाँ, भूल गये शायद अरबाबे-वफ़ा[8] भी

परतौ[9] है 'ख़याल' अपना-तनहाई का आलम
ख़ामोश भी रहता है, देता है सदा[10] भी

8. अरबाबे-वफ़ा : प्रेम करने वाले लोग 9. परतौ : परछाई
10. सदा : आवाज़

17

लौट कर आए कभी तो फिर मिलेंगे
हर जनम में हम ही तुमको फिर मिलेंगे

हम कोई दावा करेंगे क्या वफ़ा का!
तुम ये वादा भी जो कर लो फिर मिलेंगे

दिल धड़कता है मगर ख़ामोश हैं लब
एक मुद्दत बाद उनको फिर मिलेंगे

देखिए, अब कौन मिलता है कहाँ फिर
कह तो आए हैं सभी को : फिर मिलेंगे

आ गये हैं अच्छे दिन फिर से, सुना है
अब तो शायद हम भी यारो फिर मिलेंगे

देनदारी से बचोगे तुम कहाँ तक
देख लेना, हश्र[1] में तो फिर मिलेंगे

वो 'ख़याल' अपनी नज़र से दूर कब था?
हम कभी बिछड़े कहाँ जो फिर मिलेंगे!

---

1. हश्र : मृत्यु के बाद अगली दुनिया में फैसले का दिन

18

ज़हे-नसीब[1] कि है तेरे आसरे कोई
दुआ करे भी तो किस बात की करे कोई

अब और हम से न होगा कि माँगने जाएँ
बहुत हो प्यार किसी को तो आ मरे कोई

मुआफ़[2] कर दो, नज़र है, मचल गयी होगी
हसीन हद से ज़ियादा हो, क्या करे कोई!

तुम अपने आप ही समझो तो बात समझोगे
अबस[3] ज़बान से अंगारे क्यूँ झरे कोई

हर एक साँस में हिस्सा है मौत का आधा
जिए, कि जीने के अंजाम[4] से डरे कोई!

हज़ार बार ये सोचा है ख़ुद को बदलेंगे
हुआ वही कि करे गोया तब्सरे[5] कोई

'ख़याल' हम पे है इल्ज़ाम[6] गर तो क्या हैरत[7]?
रिवाज है कि करे कोई और भरे कोई!

---

1. ज़हे-नसीब : धन्य-भाग्य हमारे 2. मुआफ़ : क्षमा, माफ़ 3. अबस : अकारण
4. अंजाम : नतीजा 5. तब्सरा : आलोचना 6. इल्ज़ाम : अभियोग 7. हैरत : आश्चर्य

19

जा-ब-जा[1] कहता फिरा : मैं कुछ नहीं
होते-होते हो गया मैं कुछ नहीं

झूठ जैसा लगने वाला सच है ये :
जाने-जाँ[2] तेरे बिना मैं कुछ नहीं!

दस्त-ए-रब[3] का लम्स[4] भी होगा ज़रूर
गो[5] अनासिर[6] से सिवा मैं कुछ नहीं

दर्द सारे ख़ुद-ब-ख़ुद कम हो गये
जब समझ में आ गया मैं कुछ नहीं!

उससे अब तक बारहा[7] मैं सादा-दिल[8]
पूछता हूँ क्या तेरा मैं कुछ नहीं!

रात-भर सोने नहीं देता मुझे
मेरा अपना ही कहा मैं कुछ नहीं

यूँ तआरुफ़[9] हश्र[10] में देना 'ख़याल'
तू है सब कुछ, या ख़ुदा, मैं कुछ नहीं

---

1. जा-ब-जा : जगह-जगह, यहाँ-वहाँ 2. जाने-जाँ : प्रियतमा 3. दस्त-ए-रब : ईश्वर के हाथ
4. लम्स : स्पर्श 5. गो : हालाँकि 6. अनासिर : पंच-तत्त्व 7. बारहा : बारम्बार
8. सादादिल : भोला-भाला व्यक्ति 9. तआरूफ़ : स्व. परिचय 10. हश्र : ईश्वर की अदालत

20

देखते ही देखते क्या कुछ हुआ, ऐ ज़िन्दगी
तेज़गामी[1] हो तो ऐसी! मरहबा[2], ऐ ज़िन्दगी

बरह्ना[3] हैं सारी शाख़ें, रंग-ओ-ख़ुशबू लापता
क्या ख़बर कब ले उड़ी सब कुछ हवा, ऐ ज़िन्दगी

किसके हाथों सौंप आई तू अज़ीज़ों[4] को मेरे
रफ़्तगाँ[5] का क्या हुआ, कुछ तो बता, ऐ ज़िन्दगी

बे-अमल-सी इल्लतों[6] से चार दिन को दे निजात[7]
या अता कर दर्द कोई ला-दवा[8], ऐ ज़िन्दगी

याद की परछाइयाँ भी बे-निशाँ[9] होने पे हैं
ले, गया एक और बाइस[10] जीने का, ऐ ज़िन्दगी

अपने दिल पर ही रहा कितना मुझे अब ऐतिमाद[11]!
क्या तबक़्क़ो[12] तुझसे रक्खें हम भला, ऐ ज़िन्दगी

गीत होठों पर न आँखों में मेरी आँसू 'ख़याल'
दे, मगर इतनी कड़ी मत दे सज़ा, ऐ ज़िन्दगी

---

1. तेज़गामी : तेज़ चलना 2. मरहबा : शाबाश 3. बरह्ना : नग्न 4. अज़ीजों : प्रियजन, परिवार के लोग 5. रफ़्तगाँ : गुज़रे हुए लोग 6. बेअमल-सी इल्लतों : मामूली बीमारियाँ
7. निजात : छुटकारा 8. ला-दवा : असाध्य 9. बेनिशाँ : लापता 10. बाइस : कारण
11. एतिमाद : भरोसा 12. तवक़्क़ो : आशा

21*

ऐ सबा[1], जाना उधर तो उसको मेरा प्यार देना
जान मेरी ले के जाना, मेरी जाँ[2] पर वार[3] देना

मुस्कुराता हूँ तो आँखों में छलक आते हैं आँसू
ऐ सबा, इस ख़स्ताहाली[4] को वहाँ इज़हार[5] देना

रागिनी है कुछ अधूरी-सी, कमी कुछ रह गयी है
ऐ सबा, मेरे तराने को ज़रा झंकार देना

रू-ब-रू इक़रार[6] करने में झिझकते हैं मेरे लब
सुन, ज़रा अपनी रवानी-सी इन्हें गुफ़्तार[7] दे ना

अबके बाज़ी खेलना तू, ऐ सबा, मेरी तरफ़ से
ये रहा मुख़्तारनामा[8] दिल ये उसको हार देना

ऐ सबा, प्यारी सबा
तू उधर जाए तो उसको ढेर सारा प्यार देना
और मेरी जान उस पर, भूलना मत, वार देना

उड़ निकलने का 'ख़याल' आता है लेकिन पर नहीं हैं
ऐ सबा, मेरे सफ़र को अपनी-सी रफ़्तार देना

---

* ग़ज़ल-यू : ट्यूब पर उपलब्ध (अहमद हुसैन : मोहम्मद हुसैन)

1. सबा : ठंढी और मृदुल बयार 2. जाँ : जान, प्रियतमा 3. वार : न्यौछावर
4. ख़स्ताहाली : दयनीय दशा 5. इज़्हार : अभिव्यक्ति 6. इक़रार : प्रेम की स्वीकारोक्ति
7. गुफ़्तार : वाणी 8. मुख़्तारनामा : पावर आफ एटॉर्नी

22

आराम से थे आप भी, मैं भी ब-ख़ैर[1] था
फिर भी रहे उदास ही, क़िस्मत का फेर था

पैदा भी ख़ुद किया इन्हें, ख़ुद ही सिपुर्दे-ख़ाक[2]
आँखों को जाने काहे का अश्कों से बैर था

आता क़रार क्या मुझे, क्यूँ कर तुझे सुकून[3]
तू मुझसे दूर और मैं तेरे बग़ैर था

कहने को मेरे अपने भी यूँ तो हज़ार थे
लेकिन क़रीब जो रहा, कहने को ग़ैर था

जितने भी मुख़्तलिफ़[4] सही, अब तक हैं साथ-साथ
दोनों में इत्तेफाक़[5] भी इतना तो ख़ैर था

चुप कर गये लिहाज़ में ओहदा-ओ-उम्र[6] के
वरना हमारे पास भी कहने को ढेर था

इतना ही है 'ख़याल' कि रहता था दिल में वो
जाने हरम[7] था सीने में या कोई दैर[8] था

---

1. ब-ख़ैर : कुशलपूर्वक 2. सिपुर्दे-ख़ाक : मिट्टी के हवाले 3. सकून : चैन
4. मुख़्तलिफ़ : मतभेद होने की स्थिति 5. इत्तेफाक़ : मतैक्य
6. ओहदा-ओ-उम्र : वरिष्टता (या कनिष्टता) और आयु 7. हरम : मस्जिद 8. दैर : मन्दिर

23

उनकी नज़र में प्यार का इज़्हार[1] मिल गया
ख़्वाबों में आने-जाने का इसरार[2] मिल गया

जाता नहीं है छोड़ कर जैसे कि दिल से ग़म
कैसा मुझे ये ला-दवा आज़ार[3] मिल गया

हारा मैं शर्त्त पर मेरी ख़ूबी तो देखिए
इस पार जो न मिल सका, उस पार मिल गया

सूना था जिसके बिन मेरे अफ़्कार का जहान[4]
आख़िर वो जीता-जागता किरदार[5] मिल गया

इक उम्र ढूँढ़ता रहा जिसको दिले-हज़ीं[6]
दिल को हमारे आज वो ग़मख़्वार[7] मिल गया

ग़ुर्बत[8] से वापसी के कुछ आसार क्या बने
पाँवों को फिर से दम-ख़म-ए-रफ़्तार मिल गया

ये ख़्वाब है कि ख़्वाब की ताबीर[10] है 'ख़याल'
उनकी निगाहे-नाज़ में इक़रार[11] मिल गया

---

1. इज़हार : अभिव्यक्ति 2. इसरार : बारम्बार निमन्त्रित करना 3. लादवा आज़ार : असाध्य रोग
4. अफ़्कार का जहान : रचनाओं की दुनिया 5. किरदार : कथा का पात्र 6. दिले-हज़ीं : दु:खी हृदय 7. ग़मख्वार : दुख में साथ निभानेवाला 8. ग़ुर्बत : परदेस-वास
9. दम-खमे-रफ़्तार : तीव्रगति की ताक़त 10. तावीर : स्वप्न का फल
11. निगाहे-नीज़ में इक़रार : प्रियतमा की आँखों में स्वीकृति

24

क्या दिखेंगी इतनी नज़दीकी पे सारी ख़ूबियाँ
दूर जा कर देखिए तस्वीर की बारीकियाँ

हाथ ज़ंजीरों में हैं, पाँवों में मेरे बेड़ियाँ
कट रही है ज़िन्दगी इन बन्दिशों के दरमियाँ

एक दिन शायद ये ज़िन्दा दफ़्न कर देंगी मुझे
सुब्हो-शामो-रोज़ो-शब[1] की बेकराँ[2] तनहाइयाँ

है टिकी इतने पे ही तो आशिक़ी[3] की ख़ैर हो!
कब तलक क़ायम रहेंगी हुस्न की रानाइयाँ[4]

साँस लेने के लिए भी लाज़िमी[5] होगी क़तार
ऐसे ही बढ़ती रहीं गर देस की आबादियाँ

तोड़िए क्यों निस्बतों[6] को, छोड़िए पीरी[7] में ख़ुद
पा-ब-दामन[8] हो रहेंगी सब ये रिश्तेदारियाँ

---

1. सुब्हो-शामो-रोज़ो-शब : सुबह और शाम और दिन और रात 2. बेकराँ : अनन्त
3. आशिक़ी : प्रेम की भावना 4. हुस्न की रानाइयाँ : सौन्दर्य का निखार
5. लाज़िमी : आवश्यक 6. निस्बतों : सम्बन्ध 7. पीरी : वृद्धावस्था
8. पा-ब-दामन : पाँव अपने-अपने ओढनों तक सीमित

मेरे हाथों की लकीरों में ही शायद था अज़ाब[9]
बर्क़[10] थी वरना फ़लक[11] पर, था ज़मीं[12] पर आशियाँ[13]

साय-ए-दामाने-दिलबर[14] हाय कब जा कर हुआ!
चार सू[15] घिरने लगी हैं शाम की परछाइयाँ

कोई समझे या न समझे, वो समझ जाएँगे सब
बेनियाज़ी[16] की अदाओं में निहाँ[17] मजबूरियाँ

कम नहीं की हमने कोशिश खेंच लें दामन मगर
हद्दे-आतिशदान[18] में ठहरी कहाँ चिंगारियाँ

ये नतीजे मुनहसिर[19] हैं जज़्ब-ए-दिल[20] पर 'ख़याल'
क़ुरबतें[21] हैं दूरियों में, क़ुरबतों में दूरियाँ

---

9. अज़ाब : प्रलय 10. बर्क़ : तड़ित, आसमानी बिजली 11. फलक : आकाश
12. ज़मीं : ज़मीन, धरती 13. आशियाँ : घोंसला, घर
14. साय-ए-दामाने-दिलबर : प्रेमिका के आँचल की छाँव 15. चार सू : चारों ओर
16. बेनियाज़ी : बेरुख़ी, उपेक्षा 17. निहाँ : छिपी हुई
18. हद्दे-आतिशदान : अलाव की सीमा तक 19. मुनहसिर : निर्भर करते हैं
20. जज़्ब-ए-दिल : हृदय की भावना 21. क़ुरबतें : नज़दीकियाँ

25

आग़ाज़-ए-सफ़र[1] ही में अंजाम[2] न पूछो तुम
होते ही सहर[3], होगी कब शाम न पूछो तुम

तन्हाई की शामें भी होती हैं ग़ज़ब की शै[4]!
किस तरह से गुज़री है ये शाम न पूछो तुम

तारीख़-महीने तक मैं भूल-सा जाता हूँ
कितना है यहाँ मुझको आराम न पूछो तुम

वो हाल रक़ीबों[5] का हमसे न बयाँ होगा
कल मारे गये कितने गुलफ़ाम न पूछो तुम

मन्दिर तो बनेगा ही, गिरती हों गिरें लाशें-
यह सुन के दुखी कितने हैं राम, न पूछो तुम !

गर भूल गये मुझको, फिर ख़त्म हुआ झगड़ा
ग़ैरों से तो, लिल्लाह[6], मेरा नाम न पूछो तुम

ये जाती हुई साँसें सरगोशी[7] में अब हर पल
देती हैं मुझे क्या-क्या पैग़ाम[8] न पूछो तुम

---

1. आग़ाज़-ए-सफ़र : यात्रा का प्रारम्भ 2. अंजाम : अन्त 3.सहर : भोर 4. शै : वस्तु 5. रक़ीब : प्रेम में प्रतिद्वन्द्वी 6. लिल्लाह : ख़ुदा के वास्ते 7. सरगोशी : फुसफुसा कर 8. पैग़ाम : सन्देश

यूँ हमको उजालों ने रुस्वा[9] न किया होता
जुल्मत[10] से रक़ाबत[11] का अंजाम[12] न पूछो तुम!

बरसों से लगा हूँ मैं इस दिल की मरम्मत में
दुश्वार[13] है किस दरजा ये काम न पूछो तुम!

माँगूँ भी तो क्या माँगूँ दरबार में ख़्वाजा के?
पहले ही अता[14] हैं वो ईनाम, न पूछो तुम

इक बार करम[15] दिल पर हो जाय 'ख़याल' उसका
फिर नूर[16] जो होता है इल्हाम[17] न पूछो तुम

---

9. रुस्वा : बदनाम 10. जुल्मत : घना अँधेरा 11. रक़ाबत : प्रतिस्पर्द्धा 12. अंजाम : परिणाम 13. दुश्वार : कठिन 14. अता : मिले हुए हैं 15. करम : कृपा 16. नूर : प्रकाश 17. इल्हाम : आकाश से बरसना, दैवी आशीर्वाद

26

फ़िदा[1] आवाज पर अपनी यूँ हो जाना नहीं अच्छा
सिवा अपने बयाँ[2] के कुछ न सुन पाना नहीं अच्छा

ज़मानों से सियाही में बुझी आँखों का यकबारा
चमकते-कौंधते ख़्वाबों से भर जाना नहीं अच्छा

बदल जाती, बदल जाती ये दुनिया कुल, मगर जानाँ[3]
वफ़ा के अह्दो-पैमाँ[4] का बदल जाना नहीं अच्छा

अनासिर[5] से बना है तू, बिखर जाएगा पल-भर में
बुताने-ख़ाक[6] का इस तरह इतराना नहीं अच्छा

न जाने क्या निकल आए अँधेरे बन्द कमरों से
न छेड़, ऐ दोस्त, माज़ी[7] का ये अफ़साना नहीं अच्छा

गिला[8] जो हैं, रहें अपनी जगह ख़ामोश, काफ़ी है
इक उलझे सिलसिले को और उलझाना नहीं अच्छा

शररअंगेज़[9] हाथों को जला देते हैं अकसर ये
मियाँ, बुझते हुए शोलों को भड़काना नहीं अच्छा

---

1. फ़िदा : मोहित 2. बयाँ : बयान 3. जानाँ : प्रियतमा 4. अह्दो-पैमाँ : प्रेम के वचन प्रतिज्ञा
5. अनासिर : पंच तत्व 6. बुताने-ख़ाक : मिट्टी के पुतले 7. माज़ी : अतीत 8. गिला : शिकायत
9. शररअंग्रेज़ : चिंगारी फैलाने वाला

सवालों से सवालों की सफ़ाई दे के, ऐ साहब
जवाबों के इरादे से मुकर जाना नहीं अच्छा

'ख़याल' अपनी निगाहों में वो मंज़र[10] हैं सियाही[11] के
कि मेरा रौशनी के पास भी जाना नहीं अच्छा

---

10. मंज़र : दृश्य 11. सियाही : अँधेरों

27

है कोई जिसको तुम से प्यार नहीं?
कौन है तुम पे जो निसार[1] नहीं!

वो तग़ाफ़ुल-शिआर[2] हैं जिनसे
हम तो ऐसों में भी शुमार[3] नहीं

मैं तेरा इन्तज़ार करता और
लेकिन अब कोई इन्तज़ार नहीं

कुछ तवक़्क़ो[4] भी थी तो उन से ही
और उन को भी हम से प्यार नहीं

तीर ही तीर तेरे तरकश के
एक कमबख़्त दिल के पार नहीं!

हसरतें तो सुकून दे के गईं
फिर भी दिल को मेरे क़रार नहीं

मौत का तो यक़ीन है पूरा
ज़िन्दगी ही का ऐतबार[5] नहीं!

---

1. निसार : न्योछावर 2. तग़ाफ़ुल-शिआर : उपेक्षा-भाव रखने वाला 3. शुमार : गिना जाना
4. तवक़्क़ो : आशा 5. ऐतवार : भरोसा

कब तलक राख को कुरेदोगे
एक भी इस में अब शरार[6] नहीं

मर्सिया[7] है 'ख़याल' साहब का
ये कोई नग़्म-ए-बहार नहीं

---

6. शरार : चिंगारी 7. मर्सिया : शोक गीत 8. नग़्म-ए-बहार : वसन्त का गीत

28

दुनिया नई बसाने में मेरा भी हाथ था
शायद तुझे भुलाने में मेरा भी हाथ था

ज़ालिम थे ख़ैर यार भी पर मैं भी कम न था
इस दिल के टूट जाने में मेरा भी हाथ था

जो तीर दिल पे आ लगा, वो था तेरा ज़रूर
लेकिन तेरे निशाने में मेरा भी हाथ था

मुजरिम[1] भी हूँ, गवाह भी, इल्ज़ाम किसको दूँ
बस्ती के घर जलाने में मेरा भी हाथ था

अच्छा ख़ुदा बना लिया, वो भूल ही गया
उस को ख़ुदा बनाने में मेरा भी हाथ था

मैं भी क़ुसूरवार हूँ उसके मिज़ाज का
ऐसा उसे बनाने में मेरा भी हाथ था

इज़्ज़त 'ख़याल' आप की मिट्टी में मिल गयी
माना ये दिन दिखाने में मेरा भी हाथ था

---

1. मुजरिम : अपराधी

29

एक लम्हे में लुट गया सब कुछ
और तू देखता रहा सब कुछ!

मैं नहीं जानता ख़ुदा की क़सम
रात कैसे ये हो गया सब कुछ

मैं ने कुछ भी नहीं कहा तुम से
और तुम ने समझ लिया सब कुछ

तुम कहाँ हो, बहार आ भी चुकी
हर तरफ़ हो गया हरा सब कुछ

एक तुम क्या मिले मुक़द्दर से
ऐसा लगता है मिल गया सब कुछ

छीन ली है हवस[1] ने बीनाई[2]
सब है अच्छा, भला-बुरा सब कुछ

तुम मेरे थे, मेरे रहे फिर भी
जो जहाँ था वहीं रहा सब कुछ

देते फिरिए सफ़ाई किस-किस को!
जानता है मेरा ख़ुदा सब कुछ

एक अधूरा 'ख़याल' रहता है
और तो हमने कह लिया सब कुछ

1. हवस : लोभ, वासना 2. बीनाई : आँखों की रौशनी

30

बस ये एहसान कर गया होता
दिल उसी दम ठहर गया होता

काश! धड़ से उतर गया होता
ख़म[1] न होता, ये सर गया होता

तुम समेटे रहे मुझे वरना
मैं तो कब का बिखर गया होता

बन्द था जिसका दर[2] सिवा उसके
और मैं किसके घर गया होता !

कम थी चुल्लू में गर शराब 'ख़याल'
शर्म के मारे मर गया होता

---

1. ख़म : झुका हुआ 2. दर : दरवाज़ा

31

हर दुआ बा-असर[1] नहीं होती
उसकी हम पर नज़र नहीं होती

क्या लकीरें हैं अपने हाथों में!
एक बाज़ी भी सर[2] नहीं होती

गोश-ओ-लब[3] में कुछ ऐसी अन-बन है
बात होती है पर नहीं होती

अपने कहने में ज़ीस्त[4] होती अगर
इतनी आशुफ़्ता-सर[5] नहीं होती

ये कसक-सी जो है इधर दिल में
क्या तुम्हारे उधर नहीं होती

तेरा जूड़ा नसीब[6] होता तो
ये कली शाख़ पर नहीं होती

दिल में घुटता है इक ग़ुबार-सा कुछ
आँख आँसू से तर नहीं होती

है मुक़ाबिल[7] 'ख़याल' उसके कौन
आइने को ख़बर नहीं होती

---

1. बाअसर : असरदार 2. सर : जीतना 3. गोश-ओ-लब : कान और होंट 4. ज़ीस्त : जीवन
5. आशुफ़्तासर : विपदाओं से घिरा 6. नसीब : भाग्य में 7. मुक़ाबिल : सामने

32

इतने सारे ज़ख्मों का, बस, इक टाँके से सिल जाना
देखो, मिट्टी का मिट्टी में वापस फिर से मिल जाना

आगे बढ़ जाओ तो रुकना कुछ पल मेरी ख़ातिर तुम
थोड़ा मेरा रस्ता तकना, फिर से मुझ को मिल जाना

प्यार की बस इतनी ही समझ है, इतना ही कह सकते हैं
एक झलक मिलते ही किसी की, दो चेहरों का खिल जाना

मंज़िल की तामीर[1] कहाँ हो पाई ईंट और पत्थर से
आख़िर एक सराय निकला हमने जिसे मंज़िल जाना

गा लेते हैं अपनी ग़ज़लें, सुन भी लेते हैं ख़ुद ही
ले कर अपनी तन्हाई को, क्या महफ़िल-महफ़िल जाना

बेहद बदसूरत होगा वो चेहरा जो देखेगा तू
सोच-समझ कर आईने के आगे ऐ बातिल[2] जाना

बातें कम ही करना, अच्छा, वरना लोग कहेंगे 'ख़याल'
अनपढ़ था वो, हमने जिसे आलिम समझा, फ़ाज़िल जाना

---

1. मंज़िल की तामीर : स्थायी निवास का निर्माण 2. बातिल : झूठ
3. आलिम-फ़ाज़िल : बहुत पढ़ा-लिखा

33

हल्क़-ए-ग़म[1] से निकल जाना भी आसाँ है कहाँ
दर्द ही दिल है तो दर्दे-दिल का दरमाँ[2] है कहाँ

और जीने की तमन्ना है बहुत दिल में मगर
अब ज़ियादा ज़िन्दगी का कोई इम्काँ[3] है कहाँ

है कठिन यूँ भी किसी से मौत का डर बाँटना
और फिर कोई मेरे जैसा हिरासाँ[4] है कहाँ!

इतनी मिन्नत से लबों[5] तक जान आई है मेरी
और मैं के रो रहा हूँ: उफ़, मेरी जाँ है कहाँ

ख़ुद से कहता हूँ मैं अकसर : 'ठीक तो होना नहीं
इन शिफ़ाख़ानों[6] के चक्कर में परीशाँ[7] है कहाँ!'

आइने में अपनी आखें देख कर मैं इन दिनों
सोचता हूँ कोई सहरा[8] इन-सा वीराँ[9] है कहाँ

फ़स्ले-गुल[10] ने ही ख़बर दी होगी नाख़ुन को मेरे
है किधर मेरा जिगर, मेरा गिरेबाँ[11] है कहाँ

---

1. हल्क़-ए-ग़म : दुख का घेरा 2. दरमाँ : उपचार 3. इम्काँ : सम्भावना
4. हिरासाँ : भय से त्रस्त 5. लबों : होठों 6. शिफ़ाख़ानों : हास्पतालों 7. परीशाँ : परेशान
8. सहरा : मरुस्थल 9. वीराँ : वीरान 10. फ़स्ले-गुल : फूलों का मौसम
11. गिरेबाँ : गिरेबान

बर्क़[12] से भी तेज़ है यादे-वतन[13], पर हाय दिल!
मैं कहाँ हूँ, और मेरा कू-ए-जानाँ[14] है कहाँ

बख़्शने वाला यहाँ कोई नहीं तुझको 'ख़याल'
किनके आगे सरनिगूँ[15] है? तू पशेमाँ[16] है कहाँ!

---

12. बर्क़ : बिजली 13. यादे-वतन : देश की याद 14. कू-ए-जानाँ : प्रियतमा की गली
15. सरनिगूँ : सर झुकाए हुए 16. पशेमाँ : लज्जित

34

आज कुछ टूट-सा गया दिल में
जो भी कुछ था कहाँ रहा दिल में

इक बियाबाँ[1] है मेरी आँखों में
और वीरानि-ए-ख़ला[2] दिल में

ख़ुद से लेती है इन्तक़ाम[3] अकसर
घुट के रह जाय गर अना[4] दिल में

लब पे आती है आह जब मेरे
साथ आती है इक दुआ दिल में

कोई पहचानता है ख़ुद को, बता
कौन रखता है आइना दिल में!

अब तो कुछ याद भी नहीं आता
कब नहीं था कोई गिला[5] दिल में

ला-दवा[6] है तो मार ही डाले
दर्द ये कैसा आ बसा दिल में

---

1. बियाबाँ : बियाबान 2. वीरानि-ए-ख़ला : अन्तरिक्ष की वीरानी 3. इन्तक़ाम : प्रतिशोध
4. अना : अहंकार 5. गिला : शिक्वा शिकायत 6. लादवा : असाध्य, जिसकी दवा न हो

तुझ से रौशन था तीरगी[1] में चिराग़
तू नहीं है तो क्या रहा दिल में

थम गया साज़ खो गयी आवाज़
रह गयी गूँजती सदा[2] दिल में

तुमको देता सुनाई भी क्यूँ कर
मैं ने जो कुछ कहा, कहा दिल में

आलम-ए-बेहिसी[3] है ऐसा 'ख़याल'
मौत का डर नहीं रहा दिल में

---

1. तीरगी : अँधेरा 2. सदा : पुकार, आवाज़
3. आलम-ए-बेहिसी : बेसुध या मूर्च्छित होने की स्थिति

35

ग़ैर ने जो दी, ठीक सज़ा दी, इतना ही अफ़सोस रहा
मिल न सकी अपनों से मुआफ़ी, इतना ही अफसोस रहा

ख़ुद से ज़ियादा मैं ने किसी से बातें कब कीं, फिर भी मुझे
अपनी सदा[1] ही दी न सुनाई इतना ही अफ़सोस रहा

था ये हमें मालूम कि हम दानिस्ता[2] बाज़ी हारेंगे
फिर भी उससे शर्त्त लगा ली, इतना ही अफ़सोस रहा

मैं कि अमीरे-शहर[3] का मुजरिम[4], मेरी सफ़ाई सुनता कौन
हो न सकी मेरी शनवाई[5], इतना ही अफ़सोस रहा

मेरे जी को जो शै[6] भायी जितनी ज़ियादा, उतना ही
जान को ज़ालिम रास न आई, इतना ही अफ़सोस रहा

मेरी बुराई करनेवालों! सिर्फ़ ख़ताएँ[7] याद रहीं?
याद नहीं कोई अच्छाई, इतना ही अफ़सोस रहा

जान गँवा दी लड़ते-लड़ते जिसकी ख़ातिर हमने 'ख़याल'
उसकी जुबाँ[8] पर हाय न आई, इतना ही अफ़सोस रहा

---

1. सदा : पुकार, आवाज़ 2. दानिस्ता : जान-बूझकर 3. अमीरे-शहर : शासक, राजा
4. मुजरिम : अपराधी 5. शनवाई : सुनवाई 6. शै : चीज़ 7. ख़ताएँ : ग़ल्तियाँ
8. जुबाँ : ज़बान

36

जब भी सोचा, हमने सोचा, सिर्फ़ अपने ही बारे में
औरों का दुख-सुख भी बजता, काश अपने इकतारे में

चाँद पराया हो तो उसका मुँह टेढ़ा लगता है जिन्हें
कोई ख़ामी देख न पाए अपनी आँख के तारे में

ठौर-ठिकाना छूट गया सब, पाँव में पड़ गये छाले-से
अपनी शक्ल दिखाई दी है अकसर इक बंजारे में

तुम चाहो तो तुम रख लो, संसार ये सारा अपने पास
मेरे लिए अब आधे में कुछ, और न कुछ है सारे में

किसको है मालूम कहाँ की मन्नत अपने काम आई
अरज़ें की थीं मन्दिर, मस्जिद, गिरजा और गुरुद्वारे में

जाने उसको क्या दिलचस्पी है अब ऐसी बातों में!
जाने क्यों वह पूछ रहा था हम दोनों के बारे में?

नींद अचानक खुल जाती है, पिछले पहर में रातों के
कौन 'ख़याल' टहलता है यूँ यादों के गलियारे में

37

अग़यार[1] चोट कर गये झूठी दलील की
हमने कभी सुनी नहीं! अपने वकील की

साए थे देवदार के क्या जाँ-फ़ज़ा[2] यहाँ
अब आदमी की भीड़ है, छाती पे झील की

दरिया में गो[3] डुबो दिया क़ातिल[4] ने लाश को
पानी पे तैरती रहीं आँखें क़तील[5] की

अज़मत[6] क़िले की ले गयी तारीख़[7] अपने साथ
बाक़ी हैं बस निशानियाँ ढहती फ़सील[8] की

दीवार पर कभी, कभी ईसा[9] के हाथ पर
दुश्मन को भी ख़ुदा न दे तक़दीर कील की!

हर दिन हो रास्ता जहाँ, हर रोज़ मंज़िलें[10]
कोई मनाए क्या ख़ुशी इक संगे-मील[11] की!

अहवाल[12] गर बुज़ुर्गों के रखते 'ख़याल' हम
हरगिज़ दुआ न माँगते उम्रे-तवील[13] की

---

1. अग़यार : विपक्षीगण 2. जाँ-फ़ज़ा : प्राण-वर्द्धक 3. गो : हालाँकि 4. क़ातिल : हत्यारा 5. क़तील : जिसकी हत्या हुई 6. अज़मत : महानता 7. तारीख़ : इतिहास, समय 8. फ़सील : बाहरी चारदीवारी 9. ईसा : ईसा मसीह 10. मंज़िलें : गन्तव्य 11. संगे-मील : मील का पत्थर 12. अहवाल : हाल का बहुवचन, समस्याएँ 13. उम्रे-तवील : लम्बी आयु

38

दिल मेरा कि रोता है न गाता है आज
हर शै[1] से ये बेज़ार[2] हुआ जाता है आज

कहते हैं कि दुनिया में कभी कल नहीं आता
सूरज के निकलते ही हो जाता है आज

आ भी जाए तो गुज़र जाएगा, ये दिल
क्यूँ सोच के तू कल की, घबराता है आज

गुज़रे हुए कल का भी ईलाज नहीं कोई
क्यूँ शामो-सहर[3] उसको दुहराता है आज

तारीकि-ए-शब[4] कल की भुला क्यूँ नहीं देता
तू देख तो! क्या रंग नया लाता है आज

कल जिस से पशेमान[5] बहुत लौटा था तू
उस बज़्म[6] में फिर वापस क्यूँ जाता है आज

मुझ से भी बुरे होंगे ज़माने में 'ख़याल' और
पर मुझ से बुरा कोई नज़र आता है आज!

---

1. शै : चीज़ 2. बेज़ार : विमुख 3. शामो-सहर : शाम और सुबह
4. तारीकि-ए-शब : रात का अँधेरा 5. पशेमान : लज्जित 6. बज़्म : सभा, गोष्ठी

39

तिरे ख़याल को साग़र[1] में भी डुबो न सका
बला[2] की कोशिशें कीं, पर ये मुझसे हो न सका

शबे-फ़िराक़[3] में पिन्दार-ए-इश्क़[4] साथ रहा
ख़याले-यार[5] भी दामन मिरा भिगो न सका

इक ऐसा कर्ब[6]-सा कुछ नींद में रहा हाइल[7]
कि उम्र-भर कभी आराम से मैं सो न सका

वो अश्को-आह[8] तो दुनिया के साथ छूट गये
मैं अपनी मौत पे यारों के साथ रो न सका

'ख़याल' दाग़ ये दामन पे आ लगा कैसा
कि सैले-अश्के-नदामत[9] भी जिसको धो न सका

---

1. साग़र : शराब पीने का प्याला
2. बला-द्विअर्थी : ज़ोरो का प्रयास (बला का अर्थ मदिरा भी होता है)
3. शबे-फ़िराक़ : विरह की रात 4. पिन्दारे-ए-इश्क़ : प्रेम का अभिमान, गर्व
5. ख़याले-यार : प्रेमिका की याद 6. कर्ब : कष्ट, क्लेश 7. हाइल : बाधक
8. अश्को-आह : आँसू और आहें 9. सैले-अश्के-नदामत : पछतावे के आँसुओं की बाढ़

40

क्या ख़बर थी ताज छिन जाएगा मेरा एक दिन
अपने बन्दों के लिए मैं भी ख़ुदा था एक दिन

भूलना मत, ये मोहब्बत के ज़माने बारहा[1]
याद आएँगे तुम्हें भी बेतहाशा एक दिन

ज़ात[2] से अपनी निकल कर तुझसे तन्हा मिल सकूँ
काश! मेरी ज़िन्दगी में आए ऐसा एक दिन

कुछ लहू के रंग-सा गोया[3] उफ़क़[4] पर मल गया
लाल सूरज को समन्दर में डुबोता एक दिन

ज़िन्दगी उस मोड़ पर ठहरी रही बरसों 'ख़याल'
चन्द लम्हों के लिए वो उनका मिलना एक दिन

1. बारहा : बार-बार 2. ज़ात : अस्तित्त्व 3. गोया : जैसे 4. उफ़क़ : क्षितिज

41

बताऊँ क्या तुम्हें कितनी तुम्हारी याद आती है
तड़प उठता है दिल जब भी तुम्हारी याद आती है

अजब है फ़ासला-ओ-क़ुर्ब[1] की ये आशनाई[2] भी
तुम्हारे पास हूँ फिर भी तुम्हारी याद आती है

गया बचपन, गईं बचपन की बातें भी, यहाँ तो अब
क़सम से बस तुम्हारी ही तुम्हारी याद आती है

खिली हैं अबके बेलें मोगरे की इत्ते ज़ोरों में
कि ख़ुशबू में मुअत्तर-सी[3] तुम्हारी याद आती है

कई सालों में आए है कँवल के फूल हौदी[4] में
नज़ाक़त देख कर इनकी, तुम्हारी याद आती है

हवा के दोश[5] पर रक़्साँ[6] हुआ इक बर्गे-आवारा[7]
बड़े ज़ोरों की आँधी-सी तुम्हारी याद आती है

'ख़याल' आना ये दो दिन का, कि ख़्वाबे-मुख़्तसर गोया[8]
मिरी नज़रें कहेंगी ही : तुम्हारी याद आती है

---

1. फ़ासला-ओ-क़ुर्ब : दूरी और नज़दीकी 2. आशनाई : घनिष्टता, दोस्ती
3. मुअत्तर : सुगन्धित 4. हौदी : बगीचे में कमल के फूलों की हौज 5. दोश : कन्धा
6. रक्साँ हुआ : नाचने लगा 7. बर्गे-आवार : आवारा पत्ता
8. ख़्वाबे-मुख़्तसर-गोया : जैसे एक अत्यन्त लघु-स्वप्न

42

खुल गये बन्द[1] तो क्या बन्द-ए-क़बा[2] देखेंगे
क्या ख़बर थी कि रिहाई में सज़ा देखेंगे

हमने ठानी है कि अब ज़ोर-ए-जफ़ा[3] देखेंगे
बेवफ़ाई की हिरासत में वफ़ा देखेंगे

मैं तो कहता था, निकल जाओ बचा कर आँखें
दिल को ये ज़िद थी : ज़माने की हवा देखेंगे

दौर-ए-हाज़िर[4] में ये सामान-ए-लतीफा[5] ठहरा
कि न बोलेंगे-सुनेंगे ना बुरा देखेंगे

हाथ फैला के भिखारी को बनाओ राजा!
कुछ कहा इसके सिवा उसने कि जा देखेंगे?

गाम-ए-अव्वल[6] में निहाँ हो न सुराग़-ए-मंज़िल[7]
चल कि अब पहला क़दम हम भी उठा देखेंगे

मेरा दावा है वही होगी रवाना पहले
जाँ[8] गयी मेरी, तो फिर जिस्म बचा, देखेंगे

---

1. बन्द : सभी प्रकार के बन्धन 2. बन्द-ए-कबा : कपड़ों के बटन
3. ज़ोर-ए-जफ़ा : उपेक्षा की पराकाष्ट 4. दौर-ए-हाज़िर : वर्त्तमान दौर
5. सामान-ए-लतीफ़ा : चुटकुले गढ़ने की सामग्री
6. गाम-ए-अव्वल : पहला क़दम 7. सुराग़-ए-मंज़िल : गंतव्य का सुराग़ 8. जाँ : जान

ये न सोचा था लहू रोएँगी आँखें ऐसे
जब कभी हाथों पे हम रंगे-हिना[9] देखेंगे

फिर वही ख़्वाब-ए-परीशाँ[10] है, वही ख़ौफ़ 'ख़याल'
ज़हर किस-किस को दिया, किसको मरा देखेंगे

---

9. रंगे-हिना : मेंहदी का रंग 10. ख़्वाब-ए-परीशाँ : भयानक दुःस्वप्न

खंड—दो

कविताएँ और नज़्में

यह ज़बान भी अपनी है

मेरे कुछ दोस्तों को मुझसे बहुत गिला है
कि मैंने उनका साथ छोड़ दिया है
और जुड़ गया हूँ उर्दू वालों से
एक कविता नहीं लिक्खी सालों से

नयी कविता की पवित्र आज़ादी तर्क कर के
म्लेच्छ बहरों में बन्द हो गया हूँ
भाई लोगों की तरफ़ से
मैं
गोया जयचन्द हो गया हूँ—

शम्अ के साथ पिघलता हूँ
परवाने के साथ जलता हूँ
बुलबुल के चंगुल में फँस गया हूँ
गुलसिताँ के दलदल में धँस गया हूँ

बेवजूद साक़ी के हाथों से जाम लेने लगा हूँ
यानी, घिसी-पिटी मिसालों से काम लेने लगा हूँ
अजी, शेर क्या कहता हूँ!
समझिये आग से खेलता हूँ
क्या बताऊँ, कहा-अनकहा कितना कुछ झेलता हूँ

कुछ दोस्त दुखी ही नहीं
नाराज़ भी है मेरी इस हिमाक़त पर

गोया मेरी ग़ज़लें दाग़ हों
उनकी इज़्ज़त पर!

मेरे रूठे हुए दोस्तो,
मैं किस तरह समझाऊँ तुम्हें
कहीं नहीं गया, मैं यही हूँ
यक़ीन किस तरह दिलाऊँ तुम्हें
कि कविता और शायरी की जान एक है
हीरे अलग-अलग हों मगर खान एक है

अशआर[1] के ज़रिये मैं
कविता का खोया हुआ संगीत ढूँढ रहा हूँ
रहीम के दोहे, रसखान के गीत ढूँढ रहा हूँ
पद्य आजकल गद्य की थाली में नहीं भा रहा है
मेरे पिंजरे में बन्द पंछी
इन दिनों गा रहा है
जभी तो हाथ-पाँव हिला रहा है
बहर से खारिज सही, तुक मिला रहा है
और अनगिनत सफ़हात[2] रँगते जाने की बजाय
यह चाहता है कि मुद्दआ
दो मिसरों[3] में सिमट आये
ले-ले कर छोटे-छोटे गागर
भर रहा है हर एक में सागर
इसमें भी अपना मज़ा है, दोस्तो
यह भी कविता है, दोस्तो
और मालूम न हो तो सुनो
कि ग़ज़ल भी नयी ज़मीन तोड़ रही है इन दिनों
ख़ुद को आम आदमी के मसलों की तरफ़
मोड़ रही है इन दिनों

---

1. अशआर : ग़ज़ल के शेर (बहुवचन) 2. सफ़हात : पन्ने 3. मिसरों : शेर की दो पंक्तियाँ

भाषा को अगर धर्म से न जोड़ो तो
हिन्दी-उर्दू के रिश्ते जान कर न तोड़ो तो
एक को दूसरे से धुला हुआ पाओगे

दोनों को आपस में घुला हुआ पाओगे
जैसे दूध में शक्कर या पानी में रंग
मेरी नज़रों में बेमक़सद है यह जंग!

रही बात घिसी-पिटी उपमाओं की
साक़ी के पलकों की छाँवों की—
तो मेरा दावा है
कि महब्बत हमेशा ज़िन्दा रहनेवाली चीज़ है
रोज़मर्रा हो, मगर कौन कहता है कि गलीज़ है
कि उसका
दूध में पड़ गयी मक्खी जैसा अंजाम कर दिया जाये
और कविता को
महज़ हाय-तौबा और नारों के नाम कर दिया जाये

वैसे भी, ज़िन्दगी को घिसने-पिटने से
कहाँ तक बचाओगे यारो
अमाँ, सुबह खा लिया
तो क्या रात फिर नहीं खाओगे यारो!

बहरहाल, यह ज़बान भी अपनी है
इसी देश की मिट्टी से बनी है
और इमारतों में जितना नाम है ताजमहल का
कविता और शायरी में वही मक़ाम है ग़ज़ल का।

दोस्तो, छोटे मुँह अगर बड़ी बात कह दी हो
ख़याल न करना जो कोई कड़ी बात कह दी हो

नयी दिल्ली
मार्च, 1992

सिहवाड़*

आज पराये देस में घर की याद आई
बाहर से यकदम भीतर की याद आई

इक बच्चे की आँखों में अद्‌भुत रौनक़-
दरभंगा के टावर-पर की याद आई

जलकुम्भी में छिप कर लेती अंगड़ाई
साँवली नदिया मब्बी पर की याद आई

पुरवाई में हिलते बाँसों के नीचे
खपड़ों वाले इक छप्पर की याद आई

तुलसी-पीड़े से लत्तर वो जूही की
मह-मह करती, मँड़वे पर की याद आई

बुढ़नद-तट पर राधाकृष्ण के मन्दिर और
बम-भोलेनाथ बटेश्वर की याद आई

मजदूरों की एड़ी जैसी दरकी हुई
फर्श पुरानी पूजा-घर की याद आई

लकड़ी वाले चूल्हे से धुँधुआते
माँ के अमनिया[1] भंसा-घर[2] की याद आई

---

* सिंहवाड़ : मिथिलांचल (उत्तरी बिहारी) में 'ख़याल' का पुश्तैनी गाँव
1. अमनिया : निरामिष, सात्विक 2. भंसा-घर : रसोई

आंगन छिड़का, बेला फूली, महकी रात
ओस-पगी ठंढी चादर की याद आई

याद आई बउआ के उपनयन[3] की जमघट
आवा-जाही कटहर-तर[4] की याद आई

अपने गहरे दोस्त पुराने याद आए
जब नन्देश्वर और पुष्कर की याद आई

सारे गाँव में ठट्ठा करती फिरती वो
गाँव की प्यारी बुढ़िया ठरकी याद आई

जिन लोगों ने दो-दो पीढ़ी सेवा की
रामबहादुर रामेश्वर की याद आई

किस-किस के हम नाम गिनाएँ, छोड़ें किसे
बीते दिनों से दुनिया भर की याद आई

शाम को जगमग करते थे छोटका भैया!
घर-घर करते जेनरेटर की याद आई

अब तो बस आश्रम में इक बत्ती मद्धम
उजड़े, अँधेरे, सूने नगर की याद आई

इस बिसलेरी के युग में भी हमको 'ख़याल'
मूढ़ी-कचरी[5] मन्दिर पर की याद आई

---

3. उपनयन : यज्ञोपवीत संस्कार 4. कटहर तर : कटहल के पेड़ के नीचे
5. मूढ़ी-कचरी : मुरमुरा और प्याज़ की पकौड़ी

कर भला तो हो भला

(मिर्ज़ा ग़ालिब का एक शेर पढ़ कर)*

सुनते आए थे सदा से : कर भला तो हो भला
पर न देखा था किसी का इस तरह होता भला
हमने सोचा दिल पे छोड़ें, देखें ये कहता है क्या
दिल तो पहले ही से था तैय्यार गोया[1], कह उठा :
'इस में इतना सोचना क्या, कर भला तो हो भला'
हैरतों में हम : सख़ावत[2], और दिल में! इस क़दर
ख़ातिरे-तस्दीक[3] पूछा : 'ख़ा म ख़ाँ की राय है,
या किसी का इस तरह देखा भी है होता भला?'
दिल तमक कर हमसे बोला : 'पूछने से फ़ायदा,
जब यक़ीं[4] मुझ पर नहीं तो मेरे पास आए ही क्यों?
पूछिए जा कर उसी से जो ज़ियादा है अज़ीज़[5]-
मुझसे प्यारा था सदा से आपको अपना ज़मीर[6]!'
हमने सोचा : ठीक कहता है, यही होगा बजा
ख़ैर साहब, हमने पूछा : 'ऐ ज़मीर, अब तुम कहो'
लेकिन उसकी राय निकली दिल से भी पुरज़ोरतर[7]
'इस में शक की कोई गुंजाइश कहाँ', बोला ज़मीर,
'सच है बिल्कुल दिल का कहना, कर भला तो हो भला'
और हैरत में पड़े हम, दिल से इसकी कब बनी!
आ गया शायद फ़रेबे-दिल[8] में बेचारा ज़मीर!!

---

* हाँ, भला कर तेरा भला होगा
और दरवेश की सदा क्या है ! *-मिर्ज़ा ग़ालिब*

1. गोया : जैसे 2. सख़ावत : उदारता 3. ख़ातिरे-तस्दीक : पुष्टि हेतु 4. यक़ीं : विश्वास 5. अज़ीज़ : प्यारा 6. ज़मीर : अन्तःकरण 7. पुरज़ोरतर : और अधिक पुरजोर 8. फ़रेबे-दिल : दिल के झाँसे

हमने की ताकीद : 'अपनी बात का कुछ दो सुबूत,
वरना होगा किस तरह फिर झूठ-सच का फैसला?'
'झूठ-सच की है ख़बर', कहने लगा मेरा ज़मीर,
'पर हदे-एहसास[9] तक ही, दे नहीं सकता सुबूत'
हमने सोचा : कहते सब हैं, जानता कोई नहीं
है ज़माना-ओ-ज़मीरो-दिल की ये साज़िश कोई-
ख़ाली नुक्ता फ़लसफ़ा का[10], कर भला तो हो भला
फिर हमारे दर पे इक दिन आन ठहरा इक फ़क़ीर
और ब-आवाज़े-बुलन्द[11] इक दी सदा दस्तूर[12] की :
'है कोई बन्दा ख़ुदा का : कर भला तो हो भला'
और हमने भी कि दुहराया वही अपना सवाल :
'मुहतरम[13] फ़रमाएँगे कुछ इस नसीहत का सुबूत?'
मुस्कुराया आँखों-आँखों में फ़क़ीर और फिर कहा :
'तू इबादत रोज़ करता है ख़ुदा की, पर कभी
क्या उसे देखा है तू ने अपनी आँखों से कहीं?
इस जहाँ में ऐसी बातों का मिला किसको सुबूत!
रब[14] करे तुझ पर करम[15] जा, कर भला तो हो भला'

क्या बताएँ उसके लहजे में निहाँ[16] तासीर[17], बस
चार ही मिसरों[18] में सारा मसअला[19] हल हो गया!

अब तो यूँ महसूस होता है हमें, शायद 'ख़याल'
नाम दीगर[20] है ख़ुदा का : कर भला तो हो भला!

---

9. हदे-एहसास : भावनाओं की सीमा 10. ख़ाली नुक्ता फ़लसफ़ा का : निरर्थक दार्शनिक बिन्दु 11. ब-आवाज़े-बुलन्द : ऊँची आवाज़ में 12. सदा दस्तूर की : भिक्षा की पुकार 13. मुहतरम : महाशय आदरणीय 14. रब : ईश्वर 15. करम : कृपा 16. निहाँ : छिपा हुआ 17. तासीर : असर 18. मिसरों : पंक्तियों 19. मसअला : समस्या 20. दीगर : दूसरा, अन्य

विवियन की 'विट'*

(एम्मा टॉम्सन की फिल्म 'विट' देख कर)

देख कर, एम्मा, अदाकारी तुम्हारी बेमिसाल
क्या कहें इसके अलावा : ख़ुश रहो, ज़िन्दा रहो!

मौत से लड़ती हुई विवियन के उस किरदार[1] की,
उस सरापा[2] दर्द की तस्वीर ऐसी
हू-ब-हू खैंची है तुमने
रौंगटे अब तक हमारे
हैं खड़े दहशत के मारे

मौत के कसते शिकंजे से निकलने के लिए
वो लरज़ता, थरथराता
छटपटाता जिस्म उसका
इन्तहाई दर्द के आलम में भी वो
याद रख पाना किताबों की किताबें
शायरी और अपना शुऊर-ए-शेरीयत[3] भी
बरक़रार,
दरमियाँ अपनी कराहों के
वो उसका बुदबुदाना
जॉन डन[4] की पूरी-पूरी नज़्में सारी :
जिस्म से आगे निकल कर

---

* 'विट' (अँग्रेज़ी) : मेधा, समझदारी, प्रतयुत्पन्नमति

1. किरदार : कथा का पात्र, 2. सरापा : सर से पाँव तक 3. शुऊरे-शेरीयत : कविता की समझ 4. जॉन डन : सोलहवीं सदी का मशहूर अँग्रेज कवि

ज़िन्दगी-ए-जाविदानी[5] के यक़ीं की,
और आँखों में नुमायाँ[6]
वो इरादा फ़त्हे-ख़ौफ़े-मर्ग[7] का

मौत से दो-चार हो कर भी न विवियन
इब्तदा[8] में 'विट' कभी भूली थी अपना !

लेकिन उसकी शायराना 'विट' भी आख़िर
कब तलक रह पाई क़ायम?
ये जंग तो ज़ाती[9] थी उसकी
अस्ली दुनिया में हक़ीक़ी[10] मौत से
इस लड़ाई में वो तन्हा थी निहायत,
और निहत्था—
ऐसे दुश्मन के मुक़ाबिल[11]
जीत सकना जिस से मुमकिन ही न था,
महज़ हिम्मत और खोखले बड़बोलेपन से!

एम्मा, तुमने तो जिया है
विव के उस किरदार को, तुम बताओ :
ज़िन्दगी के आख़िरी लम्हों में उसकी
आँख में क्यूँ तैर उट्ठे
आँसुओं के साथ-साथ
उसके बचपन और माज़ी[12] के मनाज़िर[13]?
क्यूँ लबों पर आ गया इज़्हारे-ख़ौफ़[14]?
क्यूँ वो गुज़री ज़िन्दगी को याद करके रो पड़ी?

मौत को गर मौत ही से
फ़त्ह करना था

---

5. ज़िन्दगी-ए-जाविदानी : अमर जीवन 6. नुमायाँ : प्रगट
7. .फत्हे-ख़ौफ़े-मर्ग : मृत्यु के भय पर विजय 8. इब्तदा : प्रारंभ में 9. ज़ाती : निजी
10. हक़ीक़ी : सचमुच की 11. मुक़ाबिल : आमने-सामने 12. माज़ी : अतीत
13. मनाज़िर : दृश्य (बहुवचन) 14. इज़्हारे ख़ौफ़ : भय की स्वीकारोक्ति

ब-क़ौले-डन[15] उसे
उसने की ही क्यूँ गवारा[16] फिर फ़जीहत
उस इलाजे-लाइलाज-आज़ार[17] की!

सच बताना, एम्मा तुमको
तुक समझ में आई कुछ
विवियन के
इस तज़ाद-ओ-इक़रार[18] की?

---

15. बक़ौले डन : जॉन डन के कथानुसार 16. गवारा : स्वीकार
17. इलाज़े-लाइलाज़-आज़ार : असाध्य रोग का इलाज
18. तज़ाद-ओ-इक़रार : विरोध और स्वीकारोक्ति

आरज़ू-ए-नातमाम*

किसी भूले-से बिसरे-से ज़माने में
किसी ने रोक कर रस्ता
बड़ी ख़फ़गी[1] से पूछा था—
मोहब्बत आप से हम को!
ये सोचा भी तो क्यूँ कर आपने सोचा?
ग़लतफ़हमी हो दिल में कोई
फ़ौरन साफ़ कर लेना ही अच्छा है

रहे ख़ामोश, कहते क्या
ये कब सोचा था इतनी साफ़गोई[2] से
हमारा सामना होगा!
वलेकिन[3] कुछ तो कहना था
बहुत सोचा
मगर जब कुछ न सूझा तो
कहा हमने—
इसे कुछ यूँ समझिए
सोचने और चाहने में फ़र्क़ होता है
बड़ा गहरा!
कभी फ़ुरसत में मुमकिन हो
अगर मिलना, तो बतलाएँ
फिर आगे आप की मर्ज़ी

---

* आरज़ू-ए-नातमाम : अधूरी इच्छा

1. ख़फ़गी : अत्यधिक क्रोध से 2. साफ़गोई : स्पष्टवादिता 3. वलेकिन : परन्तु

हमारी चुप थी अब उनकी
निगाहों में
जवाब आया था
अच्छा, फिर बताएँगे
वो वादा है
वहीं ठहरा हुआ गोया[4]
न आने में न जाने में

'ख़याल' अब कुछ नहीं आता
कि ये सब है
हक़ीक़त या
किसी इक ख़्वाब का मंज़र[5]
हक़ीक़त बन गया है जो
हमेशा याद आ-आ कर
कि है ये बात कोई जो
पढ़ी होगी कभी हमने
फ़साने[6] में
किसी भूले-से बिसरे-से ज़माने में

---

4. गोया : जैसे 5. मंज़र : दृश्य 6. फ़साना : कहानी

इक़रार-ए-नदामत*

हमारी माँ ये कहती थीं
कि बेटे और जो करना
कभी अभिमान मत करना
घमंड ऐसा
कि होते ही
तुम्हारे रास्ते पर भी
बिछा कर पूँछ आ बैठे
कोई हनुमान, मत करना!
बड़े-बूढ़े कभी फटकार भी दें तो
वो कड़वा घूँट पी लेना, पचा जाना
मगर अपने बुजुर्गों का
कभी अपमान मत करना

वो कहती थीं
ये धन-दौलत, ये नौकर-दाइ
घोड़े-गाड़ियाँ, सब कुछ
ये रुतबा भी, ये ओह्दा[1] और अमला भी
हैं सब फ़ानी[2]
सब आते-जाते रहते हैं
अभी कल तक
हमारे पास भी था यह सभी कुछ

---

* इक़रार-ए-नदामत : पश्चाताप की स्वीकारोक्ति

1. ओह्दा : पद 2. फ़ानी : नश्वर

पर कहाँ है अब! कहीं कुछ है?
वो कहती थीं—छलावा है,
ये सब धोका है आँखों का
जो इस पल है, तो अगले पल
नहीं कुछ भी—
इसी को माया कहते हैं!

वो कहती थीं—
कि होना कामयाब अच्छा है
लेकिन कामयाबी पर
ज़ियादा शान मत करना
मेरी बातों का रखना ध्यान
करो कुछ भी मगर ख़ुद पर
बहुत अभिमान मत करना

सिखाया तो बहुत कुछ था
मगर हम भूल बैठे सब-
लियाक़त[3] भी ज़रूरी थी
सबक़ वह याद रखने को,
जो हम में थी नहीं शायद
कहा उनका न कर पाए
किया हमने वही सब कुछ
जो माँ कहती थीं मत करना!

न जाने दौर था कैसा
'ख़याल' आता है अब उसका
तो लगता है कि आँखों पर
कोई पट्टी बँधी होगी
दिखाई कुछ नहीं देता रहा होगा

---

3. लियाक़त : योग्यता

कभी जब उन
दिनों की याद आती है
बड़ी तकलीफ़ होती है
बहुत अफ़सोस होता है
कि इतना कहने–सुनने पर
भी बच पाए न हम अभिमान करने से

मगर पछतावा ज़ाहिर भी करें अब तो
कहाँ जा कर करें ज़ाहिर
पहुँच भी तो नहीं सकते अब उन तक हम
जो कहती थीं कि बेटे और जो करना
कभी अभिमान मत करना!

लम्बाई बनाम चौड़ाई

बहुत दिन हुए
किसी से मैंने कहा था
(लिखा या नहीं, याद नहीं आता!)
कि जीवन लम्बा हो न हो
होना चाहिए चौड़ा
हर पल, हर बूँद, हर कश में
होनी चाहिए गहनता

लेकिन तब कहाँ था पता!
कि यह चौड़ी नदी
लम्बी भी बहुत होगी
और चलते-चलते सहसा
बेतरह सँकरी
हो जायगी
कमबख़्त ज़िन्दगी

उड़ान

कोई दे रहा है सुझाव—
अरे, उधर से घुमा कर लाओ, डोरी
कोई टोकता है : अरे...भाई
इस तरह थोड़ी!
बाँस के सिरे से अटका कर बढ़ाओ
हाँ... ऐसे... कन्धे के ऊपर से
एक बार और देना इधर से
और खींच कर थोड़ा
बस करो हो गया अब—
बहुत जल्दी में हैं सब!

फिर भी वे इतनी मुस्तैदी से
बाँध रहे हैं कस-कस के
जैसे पंख उगाने को हों
मेरे बासी पड़ते कन्धे
और ज़रूरी हो
मुझे उड़ जाने से रोकना

इतने डूबे हुए हैं वे अपने काम में
सब, मेरे अज़ीज़, मेरे मेहरबान
किसी को ज़रा भी नहीं ध्यान
कि वह शख़्स कल रात तक जो मैं था
वह तो भर चुका उड़ान, कब का!

खंड—तीन

टुकड़े ख़याल के

टुकड़े ख़याल के

1.

सफ़हात[1] कुल बयाज़[2] के
जब हो चुके
तमाम
बिखरे पड़े थे सामने
टुकड़े 'ख़याल' के

2.

मुड़-मुड़ के
देखते रहो—
बदलेगा कुछ नहीं!
चाहो
तो तुम सँवार लो
बाक़ी की ज़िन्दगी

3.

कुछ ही सालों में यहाँ
पीने को पानी भी न शायद

---

1. सफ़हात : पन्ने, पृष्ट 2.बयाज़ : कविता की नोटबुक

हो नसीब-
हमको क्या है!
ख़र्चो अरबों
बाथटब के इश्तहारों पर 'ख़याल'

4.

लुत्फ़ ही क्या हो
फ़साने में 'ख़याल'
कोई रिश्ता
ही
हक़ीक़त से न हो
उसका अगर!

5.

जिनकी दुनिया ही
सिमट
आती है
इक कमरे में—
उनको
तन्हाई का एहसास
भी कम होता है!

6.

सिर्फ़ अच्छी
शक्ल से
कुछ नहीं होता 'ख़याल'
अच्छी सूरत
से भी पहले—
अच्छी

सीरत
चाहिए!

7.

आइन्दा कल को
रोइए
पहले से क्या 'ख़याल'—
लिक्खा है
जो नसीब में
होगा तो फिर वही!

8.

अज़ीज़ों को
ज़ियादा
आज़माना भी नहीं पड़ता—
बहुत जल्दी
लहू
तब्दील हो जाता है—
पानी में!

9.

रात
जलसे में मिली वो
कुछ नई सज-धज में ऐसी—
मैं कहाँ पहचान पाया!
हँस के बोली—
आइए
कुछ देर तो हम
साथ बैठें

आप की
तनहाई हूँ मैं!

10.

शुतुरमुर्ग़ों की तरह हम
सर को कब तक
रेत में
गाड़े रहेंगे?
अजी सोचिए—
आनेवाले वक़्त की!
हम क्या पिएँगे?
'खावेंगे क्या'?*

11.

जो जहाँ हैं
मस्त हैं सब
अपनी दुनिया में 'ख़याल'
हम अबस[2] रोया किए
हाथों में लेकर
आइना!

12.

तुमने शायद
कुछ नहीं सीखा
लहू के रंग से!
क्या किताबों में है देखो—
जिल्दो-उन्वाँ[3] छोड़ दो

---

* 'खावेंगे क्या?' मिर्ज़ा ग़ालिब की एक मशहूर ग़ज़ल के क़ाफ़िया-रदीफ़ हैं
2. अबस : व्यर्थ 3. जिल्दो-उल्वाँ : किताब का बाहरी आवरण और शीर्षक

13.

तस्वीर में भी
है वही
रानाई-ए-हयात[4]
जैसे कि आइने में हों
ख़ुद आप
मुनअकिस[5]

14.

पिटने से
बाल-बाल बचे
आज तो 'ख़याल'—
अल्ला
का शुक्र कीजिए
कोई
वहाँ न था!

15.

ख़ब्ते-मीयादी[6] है
अपने-आप उतरेगा 'ख़याल'
और थोड़ी देर
मुझको
तुम परीशाँ छोड़ दो

---

4. रानाई-ए-हयात : जीवन जैसी ख़ूबसूरती, जीवन्त लगना
5. मुनअकिस : प्रत्यावर्त्तित, आइने में रिफ़्लेक्टेड
6. ख़ब्ते-मीयादी : निश्चित अवधि का जुनून

खंड—चार

बाई जूई से बातचीत

बाई ! तुम और मैं

बाई !
जिस साल
हुआ तुम्हारा इन्तिक़ाल–सन् 846
उसके ठीक ग्यारह सौ बरस बाद
हुई मेरी पैदाइश–सन् 1946

तुम तिहत्तर बरस के होकर गये
तो, मुझसे यही कोई
ग्यारह सौ तिहत्तर साल बड़े हुए

तुम्हारा भी
हज़ारों बरस पुरानी सभ्यतावाला संसार
और मेरा भी
हिमालय के इस पार
तुमने भी अपने देश में
चोटी की प्रतियोगी परीक्षा पास की
और मैंने भी
तुम भी तक़रीबन बचपन से
पड़ गये कविता की लत में
मैं भी लगभग तभी से
इस इल्लत[1] में
मय–ओ–मीना–ओ–मौसीक़ी[2] के शौक़ीन

---

1. इल्लत : रोग 2. मय–ओ–मीना–ओ मौसीक़ी : मदिरा और संगीत

तुम भी, और बन्दानवाज़
मैं भी
पर ग़रीबों के दुख-दर्द से
लगाव रहा उम्र-भर
तुम्हें भी, मुझे भी

प्रकृति-प्रेमी रहे तुम भी
पहाड़ों, देवदारों, झीलों से
भरा हुआ मैं भी
समाज में औरत की हालत
पर फ़िक्रमन्द तुम भी
और उनका ख़ैरख़्वाह, मैं भी

तुम्हारी कविताओं की साफ़गोई में
डूबा रहा इतने दिन मैं
इतने बरस लगा दिए अपनी ज़िन्दगी के
तुम्हारी कविताओं के अनुवाद में
बल्कि यूँ समझो कि
तुमसे संवाद में
कि उनकी गिनती भी भूल चुका हूँ अब

इतना कुछ है एक जैसा
हम दोनों में
कि बाज़ औक़ात वह्म होने लगता है—
कहीं तुम्हारी रूह
बदन से अलग होकर सन् 846 में
ग्यारह सौ बरस बाद
हिमालय को फलांगती हुई
मुझ में तो नहीं समा गयी सन् 1946 में!

ख़ैर, मुझे पता है
अन्धविश्वासों से सख़्त ऐतराज़ था तुम्हें—
रूह-वूह की बात अगर भूल भी जाऊँ

तुम्हें अपना 1173 बरस बड़ा भाई
तो मान सकता हूँ न, बाई?
चलेगा नहीं, मेरे लिए तो दौड़ेगा यह भी!

कई मर्त्तबा बहुत करता है जी
घड़ी-दो घड़ी
तुमसे करने को बात
कहो तो
सुना जाया करूँ कभी-कभी
अपने देस-दुनिया के हालात

तुम्हारे पास भगवान हैं!

बाई!
तुम्हें गुज़रे हुए
तक़रीबन बारह सौ बरस होने को आए
फिर भी ग़रीबों की हालत
जैसी थी, है वैसी की वैसी
तुम्हारे यहाँ भी, हमारे यहाँ भी

चन्द मुट्ठी-भर लोग अब भी
एक शाम की दावत पर
उड़ा देते हैं जितना
करोड़ों लोग बरसों तक
एड़ी-चोटी का ज़ोर लगा कर भी
कमा नहीं सकते उतना!
तुम्हारे यहाँ भी, हमारे यहाँ भी

और उस पर मज़ाक़ यह
कि हमारे यहाँ ग़रीबी को
अभिशाप के बदले
बड़प्पन का लक्षण और बना दिया गया है!
(यक़ीनन यह अमीरों की किसी साज़िश का नतीजा है)

तभी तो एक ग़रीब ने
अपनी ख़स्ताहाली से तंग आकर
जब पूछा एक अमीर से—

‘हुज़ूर, आपके पास तो
मोटर-गाड़ियाँ हैं, बैंक बैलेन्स है
बंगले और दुकान हैं,
हमारे पास क्या है?’*

अमीर अचरज का नाटक करता हुआ
बोला—‘अरे पगले, क्या वाक़ई
तुम नहीं जानते क्या है तुम्हारे पास?
तुम्हारे पास तो स्वयं भगवान हैं,
तुम्हारे हृदय में ही तो है उनका निवास!’

* प्रश्न और उसका उत्तर विलोम रूप में एक प्रसिद्ध फिल्मी संवाद के टुकड़े जैसा है।

अगली पीढ़ी के कष्ट

बाई!
तुम्हें कुछ पता है?
आजकल हम दोनो के देशों में
लगी हुई है होड़
विकास, विज्ञान और तकनीकी
सब में एक दूसरे से
आगे निकल जाने की

और बातों की तो मुझे थाह नहीं
लेकिन एक दौड़ तो है ऐसी
जो हम भारतवासी
जीत लेंगे चीन से
अगले दस-बीस बरसों में—
दुनिया में सबसे बड़ी आबादी की
हमारे यहाँ कोई हद ही नहीं आज़ादी की!

फूले नहीं समाते हम
कि करोड़ों और काम कर सकनेवाले
जवान हाथ
होंगे हमारे पास
गोया ये केवल हाथ ही हाथ होंगे
साँस लेनेवाले इन्सान नहीं—
इन्हें कहाँ लगेगी भूख और प्यास!

बाई,
नदी-नाले सिकुड़ते-सूखते जा रहे हैं सब
भू-जल चला जा रहा है पाताल को
दुनिया की सबसे दूषित जगह हो गयी है हमारी दिल्ली
और दिखाई नहीं देता कोई
जो—हल तो दूर—
संजीदगी से देखे भी इस सवाल को!

अगली पीढ़ी के आम लोगों का
ख़याल आता है
तो बहुत उदास हो जाता है जी
कि शायद उन्हें ऐसे दिन भी देखने पड़ेंगे
जब साधन-सम्पन्न लोग और बाहुबली
दूसरी बहुत-सी क़ीमती चीज़ों की तरह
हथिया लेंगे
तालों में कर लेंगे बन्द—
खुली हवा और साफ़ पानी भी!

क्या कोई ऐसा नहीं जो रोक ले
ज़िन्दगी को उस मोड़ से पहले
जहाँ ज़िन्दगी से बेहतर हो जाय
मौत की मेहरबानी भी!

कश्मीर

बाई!
काज़ुओ इशीगुरो* हमारे ज़माने का
एक प्रसिद्ध उपन्यासकार है
जिसकी लेखनी में बड़ी धार है

कहता है—
नफ़रतें, नफ़रतों को पालती रहेंगी
अनवरत, सिखाती रहेंगी द्वेष के अंगारों को
दहकाए रखने का फ़न
पीढ़ी-दर-पीढ़ी
केवल पात्र और परिदृश्य बदलेंगे
क़ौमी प्रतिशोध की ज्वाला को
हमेशा के लिए शान्त न कर पाएगा
कोई इन्द्रजाली विस्मरण

प्रेम जहाँ है, रहेगा
और परवान चढ़ेगा—
अगर सब कुछ याद आ जाने पर भी
कोई सब कुछ भूल जाने को तैयार हो

इच्छाओं का कोई अन्त नहीं
और दुविधाएँ अनन्त हैं
मल्लाह कुछ भी कहे
यह क़तई ज़रूरी नहीं कि जो इस पार है
वही उस पार हो

* काज़ुओ इशीगुरो का नया उपन्यास 'द बेरिड जाएन्ट' पढ़कर

कलियुग में गंगा जी

बाई!
तुमने किया था बौद्ध धर्म का अध्ययन*
अवश्य ही पढ़े होंगे फ़ा-हिएन
और हुएन सांग
की भारत-यात्रा के वृत्तान्त भी
हमारी पवित्र पूजनीय नदी
गंगा जी के उल्लेख का भी
तुम्हें होगा ध्यान

कहते हैं एक ज़माने में
गंगा जी के जल में
मनुष्य के पाप और अपराध
हर लेने की शक्ति थी महान्

त्रेता और द्वापर युगों तक तो
रहा सब कुछ यथास्थान
लोग कम थे, और पापी भी
कदाचार नहीं हुआ था
तब इतना बलवान

कलियुग के आते-आते
आबादी की भीषण बाढ़ आ गयी

---

* बाँस की टहनियाँ (साहित्य अकादमी) पृ.-228

बढ़ गयी पापियों-अपराधियों की
आपा-धापी भी
बढ़ गये घोर पाप जघन्य अपराध
धोने वालों के भेड़ियाधसान
बढ़ते गये उच्छिष्ट और कर्कट
मल-मूत्र के परनालों और शमसानों के
अर्पण-अवदान
सौ-पचास वर्षों में
गंगा जी स्वयं ही हो गईं
इस बेतरह म्लान
कि अब तो असली पापी-अपराधी
एक चुल्लू गंगा जल से
ख़ानापुरी कर के चले जाते हैं
तीन सितारा होटलों में
शावर से करने स्नान

वैसे, बड़ी ख़बर ये है
कि इन दिनों
ज़ोर-शोर से चल रहा है
गंगा जी की सफ़ाई का अभियान

शताब्दी नवीं हो चाहे उन्नीसवीं!

बाई!
कल रात तुम्हारी कविता
'बेटे की मौत' पढ़ रहा था*
जो अपने इकलौते बेटे की मृत्यु पर
लिखी थी तुमने
कि अचानक ध्यान चला गया
किसी और ही की जानिब—
तुमसे एक हज़ार बरस बाद
हमारे यहाँ भी
हुआ था—तुम्हारी तरह—एक ग़ज़ब का शायर :
असदुल्लाह खाँ ग़ालिब
वह इस मामले में
तुमसे भी बदतर हालात में रहा
हरदम
तुम्हारी एक बेटी तो बची रह गयी थी
कम-अज़-कम!

ग़ालिब के घर सात बच्चे हुए पैदा
लेकिन सब के सब मुर्दा!
हार कर उसने एक भांजे को गोद लिया
सो वह भी भरी जवानी में चल बसा
और उस वक़्त
कि जब ग़ालिब एक लम्बे सफ़र पर था

---

* 'बेटे की मौत' (सन् 831)—बाँस की टहनियाँ (साहित्य अकादमी) पृ. 125

तुम्हारी कविता की तरह उसने भी
अपने बेटे की मौत पर
अश्आर कहे थे—

'लाज़िम था कि देखो मेरा रस्ता कोई दिन और
तनहा गये क्यूँ, अब रहो तनहा कोई दिन और

जाते हुए कहते हो क़यामत को मिलेंगे
क्या ख़ूब, क़यामत का है गोया कोई दिन और'*

अक्सर ख़याल आता है
कि ज़िन्दगी में फ़क़त किरदार ही
जाते हैं बदल
बाक़ी के सारे दुख-सुख तो
रहते हैं वही के वही
मुसलसल!

---

* ग़ज़ल सं. 67 से (सन् 1852)—दीवान-ए ग़ालिब (राजकमल प्रकाशन) पृ. 64

शाश्वत

बाई!
आज फिर से पढ़ रहा था
तुम्हारी नज़्में

जब भी पढ़ता हूँ
रश्क होता है तुमसे
लिखा भी था मैंने
'काश! ये नज़्में मेरी होतीं!'[1]

किताबें
और पांडुलिपियाँ–क्षणभंगुर
लेकिन दृष्टि और दर्शन
शाश्वत!

तुम से हज़ार साल पहले के
लिखनेवालों को भी
आए होंगे वैसे ही ख़याल
और तुमसे हज़ार साल
बादवालों को भी

आज पढ़ीं मैंने
'अन्त' और 'मेरी कविताओं का बक्सा'

---

1. 'धूप तितली फूल' (भा. ज्ञा.) पृ. 68
2. 'तुम! हाँ, बिल्कुल तुम' (भा.ज्ञा.) पृ. 49/पृ. 118

शीर्षक वाली तुम्हारी कविताएँ—
कैसे साल भर की बीमारी से उठने पर
देखा तुमने
कि तुम्हारी पांडुलिपियों और किताबों को
चाट चुके थे दीमक

और यह
कि कैसे बक्से में महफ़ूज[2]
रखने के बाद भी
तुम्हें पता था
कि आख़िरकार
बिखर जाएँगी तुम्हारी
तीन हज़ार कविताएँ
और सत्तर जिल्दें गद्य की

अचानक मुझे बीसवीं सदी के
एक शायर[3] की दो पंक्तियाँ याद आ गईं—

'आलम[4] में जिसकी धूम थी उस शाहकार[5] पर
दीमक ने जो लिखे कभी वो तब्सरे[6] भी देख'

और तुम्हारे इस नाचीज़
छोटे भाई का कहा भी कि

'आख़िर उस में पान बंधेगा
जिस सफ़हे[7] पर छपना है यह'[8]

लेकिन बाई, अभी नहीं आया
वह समय
अभी तो ज़मानों तक ज़िन्दा रहोगे तुम!

---

2. महफ़ूज़ : सुरक्षित 3. शायर : पाकिस्तानी शायर शकेब जलाली 4. आलम : दुनिया
5. शाहकार : महान कृति 6. टिप्पणियाँ 7. सफ़हा : काग़ज़ का पन्ना 8. शायर : 'ख़याल' ('रात गये' से)

गंगा का प्रसाद

बाई!
कल फिर से पढ़ी मैंने
तुम्हारी कविता—'मित्र का पत्र'[1]
जिस तरह युआँ वाई ज़ी[2]
तुम्हारे अन्तरंग प्रिय मित्र
और समकालीन कवि थे
वैसे ही एक मित्र हैं मेरे भी
गंगोत्री के निकट उत्तरकाशी के

पहाड़ों से उतरती गंगा की तरह
निर्मल, निश्छल और सरल
सार्थक करते अपने नाम
और उपनाम—
गंगा प्रसाद विमल

हृदय से कवि
लगन से लेखक
पता-ठिकाना? केयर ऑफ आइ.आइ.सी.
यारों के यार—विमल जी!

मिलते हैं
प्रसन्न-वदन हरदम

---

1. बाँस की टहनियाँ (साहित्य अकादेमी)—पृ.131
2. तुम! हाँ, बिल्कुल तुम (भारतीय ज्ञानपीठ)—पृ. 108

होंठ पर लिए हुए
किसी नन्हें बालक की-सी स्मित
एक ऐसी मृदुल मुस्कान
जो लगता है—आँखों में अधिक है
होटों पर कम

सदा स्वस्ति और आश्वस्ति का
भाव रहता है मुख पर
स्थितप्रज्ञ रहते हैं हर घड़ी
कभी न कहा मिलने पर—
'हालत ख़राब है बड़ी!'

सेवानिवृत्ति के बाद
शहर नहीं जा पाता हूँ—अकसर
कभी-कभार ही
हो पाता है मिलना
पर हम दोनों में
है एक अपकही समझदारी-सी
हाँ, कुछ-कुछ वैसी ही—

'कब कहाँ, यह नहीं।
जब भी जहाँ भी हो जाय मिलना
केवल यह : कि जब मिलो तब खिलना'[3]।

---

3. पुनर्दर्शनाय—'अज्ञेय'—सदानीरा 1 (नै.प. हाउस)—पृ. 266

उत्तर-आधुनिक

बाई!
पहले-पहल जब तुम्हारी नज़्में पढ़ीं
बड़े अचम्भे में पड़ गया मैं

सोचता रहा
हम तो उत्तर-आधुनिक ठहरे
रहते हैं बीसवीं-इक्कीसवीं सदी की
एक ऐसी दुनिया में
जहाँ विज्ञान और तकनीकी ने
तरक़्क़ी कर ली है इतनी
कि आदमी हज़ारों मील की दूरी
तय कर लेता है चन्द घंटों में
उड़ कर
चिट्ठियाँ पहुँच जाती हैं पल-दो-पल में
इन्टरनेट पर, सात समुन्दर पार
बैठे होने पर भी
आमने-सामने बात हो जाती है
प्रियजनों से स्काइप पर—
हम बेहिसाब बढ़ती हुई आबादी,
कटते हुए जंगलों
और 'ग्लोबल वार्मिंग' वाले नए ज़माने के लोग
अगर अफ़सोस करें ज़ाहिर
पेड़ के कट कर
ईंधन का गट्ठर बन जाने पर;

या झील के दैत्य को सच्चा मान कर
उसे मांस-मदिरा चढ़ाने पर,
या औरतों के विरुद्ध सामाजिक
नाइंसाफ़ी पर,
या ग़रीबों और अमीरों के बीच
सुरसा-जैसी बढ़ती हुई खाई पर—
यह सब हम पर तो फबता है
आख़िर को उत्तर-आधुनिक हैं हम!

लेकिन हज़ार मील तय करने के लिए
महीनों घोड़ों की सवारी पर मजबूर,
मुद्दतों चिट्ठियों के लिए तरसनेवाला
आठवीं-नवीं सदी का यह शख़्स कहाँ
और कहाँ इसकी वामपंथियों जैसी सोच
और चिन्ताएँ सारी इक्कीसवीं सदी की!

फिर धीरे-धीरे जाकर
समझ में आया मेरी
कि नवीं शताब्दी में तुम भी तो थे
अपने युग के उत्तर-आधुनिक
और यह भी
कि कुछ ख़ास लोगों की दृष्टि
देख पाती है
अपने समय से बहुत आगे तक के ज़माने

और फिर यह भी
कि हज़ार-ग्यारह सौ बरस बाद की
पीढ़ी का आदमी शायद
हमें भी बहुत पिछड़ा हुआ माने!

हे मिलावटिए!

बाई!
कभी-कभी
उधार लेने को करता है जी
तुम्हारा अन्दाज़े-बयाँ
बहुत इच्छा होती है
तुम्हारे लहजे में लोगों को साफ़-साफ़
देने की चेतावनी—

आजकल इंसानों को सुई लगती है
महज़ पानी की
और अस्ली इंजेक्शन कद्दू और तोरी पर
दूध में यूरिया, घी में पशु-अस्थि का अरक़
मसालों में धूल और लीद की
आम है ख़बर

तो चलो, करते हैं अनुनय-विनय
जगाते हैं मिलावटियों के मन में
स्वार्थ का भय

हे कद्दू, तोरी, खीरे, तरबूज़
और भी जाने किन-किन फल-सब्ज़ियों में
कृत्रिम आकार-वर्द्धन की
ज़हरीली सुइयाँ लगानेवालो

हे सुच्चे दूध के एक किलो को
यूरिया, साबुन के झाग और
न जाने किन-किन अन्य रासायनिक घोटालों से
तीन किलो दूध बनानेवालो
हे पशु-अस्थि से
शुद्ध घी निचोड़नेवालो
हे मिलावटी मसालेवालो
हे नकली दवाओं के उत्पादक-वितरकगण
मत भूलो कि पूरी एक पीढ़ी की सेहत को
रख कर रहन
तुम सब कर चुकोगे जब
अकूत सम्पत्ति का अर्जन
काले धन से भर जाएँगे तुम्हारे घर
और तुम्हारी अगली पुश्त
और उससे अगली
यानी तुम्हें स्वर्ग की सीढ़ी
उपलब्ध करानेवाली पीढ़ी
गुप्तदानी निजी संस्थाओं में
पढ़-लिख कर
बनेगी इंजिनीयर, डाक्टर, अफ़सर...
वे एक नहीं सुनने के तुम्हारी तब!
चल देंगे सब के सब
शहरों-महानगरों की ओर
अपने-अपने 'ग्लोबल' सपनों को खदेड़ते
चल पड़ेंगे वे
बेशक़ीमत मगर चारों ओर से
ठुकी-पिचकी नुची-छिली
चार घंटे में चार किलोमीटर सरकने वाली
मोटरगाड़ियों में बैठ कर
निहायत कचरा, देसी पड़ोस में अवस्थित
शुद्ध विलायती नामोंवाली
काले शीशों में घुप्प
गगनचुम्बी इमारतों में

अपने लिए कॉर्नर ऑफिस
करने हासिल

तब भैया!
चाह कर भी न कर पाओगे मुहैय्या
अपने फार्म-हाउसों के ऑरगैनिक उत्पाद उन्हें—
न वो सब्ज़ियाँ जो तुमने अलग से
सिर्फ़ उनके लिए उगाईं
न वो दवाई
जो सिर्फ़ उनके लिए बनवाई
न वो दूध जो उनके ही लिए दुहा

महानगरों की गुमनामी में
वे सब भी खाएँगे वही
जो खा-पी रही है बाक़ी की
यह बीमार सदी

लेकिन मिलावटिए और कविता!
अजी मुंगेरीलाल के सपने हसीन!!
तो फिर 'ख़याल' साहब
क्यों बजा रहे हैं उनके आगे बीन?

बज़ा-फ़रमाया आपने
हुज़ूर, मेरी इल्तजा
तो सरकार और समाज के
नामी-गिरामी हस्तियों से है—
हे कृपानिधान!
कुछ सम्भव है इस दुर्दम समस्या का निदान?
इस पर होगा कुछ खानापुरी की कार्रवाई
से सिवा भी?
आप लोग करेंगे कुछ
तख़्त और ताज, मूँछ और नाक की लड़ाई
के सिवा भी?

दुष्टों को आख़िर
किसी का तो होना चाहिए भय—
कोई चाहे सोचे या न सोचे
पर है तो यह गम्भीर सोच का विषय!

त्राहि माम्

बाई!
कुछ विरह-जन्य निराशा
कुछ उपेक्षा की उदासी
पति की मृत्यु के बाद
विधवाओं के साथ नाइंसाफ़ी-
कुल मिला कर
बहुत सस्ते छूटीं
तुम्हारे देश-काल में औरतें!

हमारे इस अभागे अह्द में तो
हर अंधेरी गली में
हर सुनसान मोड़ पर
हवस करता है उनका इन्तज़ार
वारदातों की सूची
उठा कर देखो हर रोज़ अख़बार
तो लगता है : नहीं...नहीं
यह सच नहीं हो सकता
हैबतनाक ख़्वाब है कोई
दो साल की अबोध बच्ची से लेकर
अस्सी की वृद्धा तक से बलात्कार!
गिरोहबन्द होकर भेड़ियों की तरह
झुंड के झुंड शोहदे
ढूँढ़ते फिरते हैं शिकार

नामी-गिरामी विद्यालयों में
कमसिन बालिकाओं को
बहला-फुसला कर अकसर
अध्यापक पकड़े जाते हैं करते व्यभिचार

ग़रीब पिछड़े इलाकों के लोग बेचारे
बेच देते हैं बेटियाँ
भूख के मारे
हो जाते हैं सब साज़िश में शामिल
अपने-पराये-परिवार
यूँ ही नहीं पनपता स्त्री देह का व्यापार!

बहुओं को ज़िन्दा जला देते हैं लोग
खाते-पीते सम्भ्रान्त परिवार
दहेज़ न लाने पर मुँहमाँगा
एक मानव जीवन से अधिक
क़ीमती हो जाती है एक मोटरकार!

बेटियों को काट दिया जाता है
टुकड़े-टुकड़े
माँगने पर मनचाहा
जीवनसाथी चुनने का अधिकार

और पुरुष-प्रधान समाज है
कि सताई हुई, उन कुचली-मसली हुई
औरतों का ही उल्टे
करता है तिरस्कार
उन्हीं को सिखाता है संस्कार

हद तो यह है
कि अकसर इस सब में
औरतें ख़ुद भी रहती हैं
बराबर की हिस्सेदार

ऐसा नहीं कि धरती पर पहले
न था अनाचार
पर पिछली चौथाई सदी में
जितना इज़ाफ़ा हुआ है इस गन्दगी में
उसका कोई नहीं पारावार
एक ओर इंटरनेट और टी.वी. का पनपाया
स्वच्छन्द, उच्छृंखल मदमस्त संसार
दूसरी तरफ़ रूढ़िवादिता का अहंकार, और दोनों की तकरार
हिंसा और ज़ोर-जबरदस्ती को
बनाए जा रही है और...और खूँख़्वार!

मित्रगण कहते हैं मेरी अ-कविता पढ़कर
'अरे भाई, विरोध झाँप-तोप कर कीजिए
प्रतीकों में, दबी आवाज़!'
वाह भई वाह! शाब्बाश, मेरे यार!
बलात्कारियों को न कोई शर्म न लिहाज़
मगर पोतते रहें हम
अपने प्रतिवाद पर
शालीनता और संस्कार?

साफ़-साफ़ बोलना ज़रूरी है, मित्रो
क्योंकि भयमुक्त गुंडातन्त्र
फन काढ़ कर
हो चुका है बुरी तरह स्थापित और तैयार
हर नगर, हर क़स्बे में
एक नहीं, सैंकड़ों दुर्योधन पलते हैं
और सभ्य समाज की
छाती पर मूँग दलते हैं
हर लड़की का
चीर हर लिये जाने की आशंका है
और दिखाई नहीं दे रहा फ़िलहाल
दूर-दूर तक कृष्ण जैसा कोई अवतार

खंडित प्रतिमा की पूजा

बाई!
धीरे-धीरे खंडहर में तब्दील
होता हुआ यह मन्दिर
कहते हैं
कई सदियों पहले बनवाया था
एक नामवर राजा ने

दरबार में नाचती हुई नर्त्तकियों
युद्ध को रवाना होती हुई सेनाओं
घोड़े-हाथी पशु-पक्षियों
देवी-देवताओं और लोक-गाथाओं की
नक़्क़ाशी से सजी
ठोस पत्थर की बनी
इसकी दीवारें बतलाती हैं
कि यक़ीनन एक ज़माने में
'यह इमारत बुलन्द रही होगी!'

लेकिन अब
मन्दिर का कलश हो चुका है ग़ायब
और ध्वज-शीर्ष में
हो गया है
बड़ा-सा सूराख़—
दोपहर होते-होते तक
सूरज की किरनें बेझिझक

जा पहुँचती हैं गर्भ-गृह में सीधे
देवता के भव्य किन्तु भग्न प्रस्तर प्रतिमा तक
शिलाखंडों के जोड़ों से
झाँकते है बिरवे
जैसे परदे के पीछे से शर्मीले बच्चे
पत्थर के टुकड़ों से जड़ा हुआ
विशाल चौकोर प्रांगण
चारों ओर किनारे-किनारे
मिहराबों से सजे बरामदा-नुमा गलियारे
अनेकों देवी-देवताओं के
छोटे-छोटे मन्दिर हैं इनमें
ज़्यादातर ख़ाली और वीरान
(अब क्या बताऊँ, बाई
आजकल हमारे यहाँ 'ऐन्टीक वैल्यू'
की ख़ातिर उठवा लिये जाते हैं
मूर्त्तियों में बसनेवाले भगवान!)

मन्दिर के सामने सहन में
पत्थर के गोल खम्भे हैं—
एक बड़ा, छोटे कई एक
सब के ऊपर लगी हैं मूर्त्तियाँ
सब से ऊँचे खम्भे पर, ज़ाहिर है
कब्ज़ा कर रखा है राजा ने
छोटेवालों पर रानियाँ होंगी
या शायद नाचनेवालियाँ हों, क्या जाने!

बड़े निरीह-से लगते हैं महाराज
सदियों धूप और बारिश के
रह्म-ओ-करम पर
रहने के बाद आज
हालत यह है कि यहाँ-वहाँ से
ठोस पत्थर के भी छिलके-से
उतरने लगे हैं

आड़े-तिरछे काटे गये प्याज़ के समान
और सैंकड़ों बरसात के ओलों ने
गोद दिए हैं महाराज के मुँह पर चेचक के-से निशान

सहज विश्वास ही नहीं होता
कि यही हैं वह महाराज
जिनके बारे में मशहूर है—
दीवार में चिनवा दिया करते थे
सन्देह के घेरे में आई हुई
रानियों-रखैलों को
जिनके हुक्म पर
हाथी के पैरों तले रौंदवा दिए जाते थे
मह्ज़ शक के बिनाअ पर
बड़े-बड़े सूरमा और सामन्त

आह, मगर इस लोक में
कथा तो कोई नहीं होती अनन्त!

बाई,
तुम्हारे शुएंगजुग सम्राट के
महल-क़िले तो फिर भी
रह गये थे बचे
हमारे निरबंसिया महाराज के
महल-चौबारे तो हो चुके
कब के नेस्त-नाबूद
खंडहर ही सही, यह मन्दिर
इसलिए अब तक है मौजूद
क्योंकि उस राजवंश के गये बाद भी
अनवरत पूजा होती रही यहाँ शिव की
सैंकड़ों बरसों तक

टूट न गयी जब तक
(न जाने कब और कैसे!)

तांडव में तल्लीन
शंकर की प्रतिमा हो गयी भुजा-विहीन
पूजी नहीं जाती हमारे यहाँ, बाई
देवताओं की मूर्त्तियाँ खंडित हो जाने के बाद
अचानक सिद्धार्थ की कथा आ जाती है याद!
दौड़ कर जाता हूँ
आँगन के कोने में
हवा-बसात की जाई जंगली झाड़ियों से
तोड़ लाता हूँ
गाढ़े दूध जैसा आसव टपकाते
आक के फूलों के दो-चार गुच्छे
फिर तेज़-क़दम जाता हूँ
जगमोहन में मन्दिर के द्वार पर
खंडित प्रतिमा को करता हूँ नमन
कहता हूँ, महादेव से मन-ही-मन
'आपकी प्रतिमा खंडित ही सही
आप स्वयं अवश्य होंगे अक्षत
मैं क्यों होऊँ सम्मिलित
आपकी उपेक्षा में, भगवन्?'
और फिर शिव के प्रिय फूल
कर देता हूँ उनके चरणों में अर्पण

नहीं, बाई, नहीं
यह कपिलवस्तु के राजकुमार सिद्धार्थ की
कथा नहीं जो सहसा
मुझे याद आई थी
यह सिद्धार्थ तो हैं कोई और ही
जिन्होंने अपने पूर्वजों की एक कथा
सुनाई थी
हाँ, हाँ...सुनाऊँगा तुम्हें भी
जल्द ही
फिर मिलते हैं, बाई!

सिद्धार्थ की कथा

बाई!
तुमको मैंने वचन दिया था—
सिद्धार्थ की कथा सुनाने का

परिवार मित्र सिद्धार्थ
हमारे पुत्र समान
उनसे पाँच पीढ़ी पहले के पुरखों के
समय की यह कथा
उतरती आई है ज़बान-दर-ज़बान

उन्नीसवीं सदी का उत्तरार्द्ध :
समृद्ध ब्राह्मण परिवार
पुरानीगंज, मुंगेर के पाण्डे जी का—
महिमा-मंडित संस्कार
बड़ी हवेली, नौकर-चाकर
पालकी-कहार
प्रतिदिन प्रातः गंगा-स्नान तिलक-चन्दन
सिद्धार्थ के पुरखे परदादाजी के
इष्टदेव थे
द्वापर में विष्णु के अवतार
कृष्ण मुरारी राधानन्दन

स्वप्न में प्रगटे एक दिन भगवान्
खिन्न भाव मुख पर

और व्यथित स्वर, बोले
'दबा पड़ा हूँ...गड़ा पड़ा हूँ
तुम जैसे भक्त-शिरोमणि के होने पर भी
ऐसी दशा है मेरी सोचो
ढूँढो मुझको
कदली वन में...कदली वन में
मुझे निकालो, मुक्त कराओ
वन-उपवन की इस कारा से वरना
घुट जाएंगी मेरी साँसें
मुझे निकालो
नियत करो अभिषेक-अभिनन्दन'

फिर क्या था!
अगले दिन पौ फटते ही
नौकर-चाकर, भक्त-मुसाहेब
और ठाकुरबाड़ी के ब्राह्मण
सब के सब
चल पड़े ढूँढ़ने केले के वन

कई दिनों के बाद मिली
आख़िर को
निकट गाँव में केले के खेतों से
कदली थम्ब की जड़ के नीचे
कृष्ण-स्फटिक की प्रस्तर प्रतिमा
मुरलीवाले कान्हा जी की
अभिषेक-प्राण प्रतिष्ठा का
महायज्ञ हुआ निर्धारित
कार्यक्रम के मुख्य-अतिथि
बनकर आना स्वीकारा
मुंगेर के छोटे राजा जी ने

लेकिन फिर से
स्वप्न में आए देवकीनन्दन

इस बार स्वयं छोटे राजा को
सम्बोधित कर के बोले भगवान्—
'जब तक ढाका से राधाजी को
लेकर ना आ जाओ
स्वीकार नहीं अभिषेक-अभिनन्दन
और न कोई पूजा-वन्दन
जाओ ढाका, ढाका जाओ
राधा जी को ढूँढ के लाओ'

पांडे जी की ठाकुरबाड़ी से
छोटे राजा की चौमहली तक
सुबह-सवेरे हाहाकार
प्राण-प्रतिष्ठा स्थगित हुई
और सोच में डूबे सब के सब—
राधा जी को ढाका जैसे बड़े शहर में
ढूँढा जाए आख़िर कैसे!

छोटे राजा पांडे जी के प्रिय यजमान
कृपानिधान!
पड़ गये पूरे ज़ोर-शोर से
राधाजी की खोज-बीन में

राजाजी मँगवाते थे
जिस व्यापारी से ढाके का मलमल
उसके नाम का देकर पत्र
दूत को अपने भेजा ढाका

दैवी योग इसे कहिए
या कहिए संयोग—
मलमल व्यापारी ने ज्यों ही
अपने पंडित से उल्लेख किया
प्रकरण का, तत्क्षण बोले पंडित जी—
'यजमान, है अद्‌भुत यह संयोग!

कुछ दिन पहले ही मन्दिर के
अतिथि-गृह की नींव खुदी थी
उसमें से राधा जी की
प्रतिमा निकली थी श्वेत-स्फटिक
निश्चय ही मुंगेर-निवासी
पांडे जी की ठाकुरबाड़ी
है गंतव्य उस प्रतिमा का!'

बरात गयी मुंगेर से ढाका
लेकर प्रतिमा कृष्ण-वर्ण की
धूम-धाम से ले आई गईं
शुभ्र-धवल राधा रानी जी

तीन पीढ़ियों तक मुतवातिर
निर्विघ्न चला क्रम
कृष्ण के पूजा-वन्दन अभिनन्दन का
दूर-दूर तक मशहूर हुई
पांडे जी की ठाकुरबाड़ी
मिलन-स्थल बन
ढाका-वाली राधारानी से
कदली-वन के देवकीनन्दन का

और निखर गयी
और सँवर गयी
पांडे कुटुम्ब की
सिद्धि-प्रसिद्धि और समृद्धि
सौ बरसों से ऊपर की अवधि
सुख ही सुख में बीती उनकी
अगाध प्रतिष्ठा भक्तजनों में
छोटे राजा से लेकर
अदने से अदना अर्दली-सिपाही
शीश झुकाए रहते हाज़िर
(आमजनों का कहना ही क्या!)

अन्नकूट हो या हो
अष्टमी मुरलीवाले की!

लेकिन कलियुग तो फिर
कलियुग ही है ना, बाई
(बतलाया तो था तुमको—
गंगा जी तक का हाल बुरा है)

सिद्धार्थ की दादी ने बतलाया—
परिवार के दो आवारा लड़कों ने
चुरा लिये मन्दिर से सोने के बर्तन
और बेच दिए, करने को
व्यसनो की भरपाई

होनी ही थी पिता-पुत्र में कहा-सुनी—
बात ही कुछ यह ऐसी थी!
छोटे दादा ने फटकार लगाई
ऐसी कर्कश वाणी में
उबल पड़ा लड़कों का भी लहू जवान
तैश में अंधे, वय कैशोर
किसका चलता ऐसों पर ज़ोर!
देखा आव न देखा ताव
मन्दिर में कर प्रवेश
ठेल दी मूरत बंसीधर की

फर्श में यूँ तो मज़बूती से
कसी-जड़ी थी प्रतिमा
कृष्ण मुरारी की
पर अपमान अनादर ऐसा
सहती कैसे कृष्ण की मूर्त्ति—
तत्क्षण गिर कर खंडित हो गयी!

दादी ने बतलाया था—
'महाप्रलय-सी ध्वनि हुई थी
जैसे ठाकुरबाड़ी पर
उल्कापात हुआ हो कोई
इतने ज़ोरों की आवाज़ थी वह
दूर-दूर से दौड़े आए भक्त अवाक्'

लेकिन अब हो भी क्या सकता था!
खंडित प्रतिमा के पूजा-वन्दन की
तो कोई प्रथा नहीं

मानो मातम और दुख का पहाड़
टूट पड़ा पांडे कुटुम्ब पर
एक बरस के अन्दर-अन्दर
कालग्रस्त हो गयी अचानक
सिद्धार्थ के चारों दादा-गण की भैय्यारी
दुर्घटना में गया कोई तो
कोई सहसा हृदयाघात से
लील गयी किसी को अनायास
दो-चार दिनों की छोटी-मोटी बीमारी
अपमान-उपेक्षा के दोषी नौजवान
कोई विक्षिप्त, कोई बस जैसे अन्तर्धान

बचे हुए परिवार-जनों में
भय अतिशय
दुख-दुर्दिन में याद आए
वृद्ध प्रतिष्ठित परिवार-गुरु—
सान्याल महाशय
'गुरुवर, पंडित सारे
कहते हैं यहाँ के
खंडित मूर्त्ति को घर में रख कर
नाहक संकट मोल लिया है—
कर डालो गंगा में विसर्जित

लेकिन मन है असमंजस में
ना कर सकते हैं पूजा इनकी
ना करता है हम लोगों का जी
भँस जाने दें पुरखों की विरासत
अब आप ही हमको बतलाएँ—
क्या होगा ऐसे में उचित?'

सान्याल महाशय
आँखें मूँदे ध्यान लगाए बैठे कुछ क्षण
फिर बोले—
'पंडित की तो पंडित जाने!
हम तो बस यह कह सकते हैं :
घर में बड़े-बुज़ुर्ग किसी के
हाथ-पाँव यदि टूट गये
क्या उनको कर दोगे तुम
जीते-जी गंगा में विसर्जित!
भगवान् तो बसते हैं
लोगों के हृदय में
मात्र प्रतीक है प्रतिमा उनकी
यदि अपनी निष्ठा नहीं अधूरी
और विखंडित
पूजी जा सकती है खंडित मूरत भी!'

सिद्धार्थ की पुश्तैनी ठाकुरबाड़ी में
तब से ही
निष्ठा के बल-बूते पर
पूजी जाती है जोड़ी हुई
वह खंडित प्रतिमा
कृष्ण-मुरारी की

परिशिष्ट

बाइ जूई : एक परिचय

जीवन के महत्त्वपूर्ण वर्ष

772 ई. जन्म-ज़िंज़ेंग, हेनान, चीन
786 ई. प्रथम कविता
787 ई. राजधानी में प्रथम आगमन
800 ई. उच्चतम प्रतियोगी परीक्षा 'जिन्शी' उत्तीर्ण
803 ई. प्रथम नियुक्ति : ग्रन्थागार अधिकारी के पद पर
806 ई. जूझी के अधिकारी के निदेशक पद पर नियुक्ति
807 ई. हैनलिन अकादेमी के पद पर नियुक्ति
811 ई. माँ की मृत्यु से शोकग्रस्त
814 ई. शोक से वापस राजकीय सेवा में
815 ई. दरबार से निष्कासन, शुइयांग के मार्शल के पद पर
818 ई. जौंगज्यो, सिच्छवाँ के प्रान्तपाल के पद पर नियुक्ति
820 ई. राजधानी में वापसी
822 ई. हैंगज्यो के प्रान्तपाल पद पर नियुक्ति
825 ई. सूज्यो के प्रान्तपाल पद पर नियुक्ति
827 ई. राजधानी में वापसी
829 ई. लूयांग में निवास का प्रारम्भ
831 ई. मित्र और समकालीन कवि युआन ज़ेन का निधन तथा हेनान के प्रान्तपाल के पद पर नियुक्ति
835 ई. अस्वस्थता के कारण सेवा-निवृत्त
839 ई. लकवा-ग्रस्त
842 ई. मित्र लूई युक्सी का निधन
846 ई. अगस्त में निधन और लूयांग के निकट दफ़न

□□□

णाणं पयासयं

वीर नि.सं. 2470

भारतीय ज्ञानपीठ

ई.सन् 1944